交通土建类专业来华留学生专用教材
跟我学铁路系列丛书

U1001952

运营管理

Operation Management

丛书主编　井国庆
主　　编　王　力

中国建材工业出版社
北　京

图书在版编目（CIP）数据

运营管理/王力主编．--北京：中国建材工业出版社，2024.3

（跟我学铁路系列丛书 / 井国庆主编）

ISBN 978-7-5160-3989-2

Ⅰ.①运… Ⅱ.①王… Ⅲ.①铁路运输—运营管理—研究—中国 Ⅳ.①F532.6

中国国家版本馆 CIP 数据核字（2024）第 006339 号

内 容 简 介

本书共四章，系统地介绍了铁路运营管理主要涉及的旅客运输、货物运输、站场组织、行车组织四个方面内容，能够让读者了解铁路运营管理的总体情况、运营管理涉及的相关技术方法。

本书适合轨道交通相关专业来华留学生及教师参考使用，也可作为介绍铁路相关知识的科普图书。

运营管理

YUNYING GUANLI

主编 王 力

出版发行：中国建材工业出版社

地　　址：北京市海淀区三里河路 11 号

邮　　编：100831

经　　销：全国各地新华书店

印　　刷：北京印刷集团有限责任公司

开　　本：710mm×1000mm 1/16

印　　张：8.25

字　　数：160 千字

版　　次：2024 年 3 月第 1 版

印　　次：2024 年 3 月第 1 次

定　　价：39.80 元

本社网址：www.jccbs.com，微信公众号：zgjcgycbs

《跟我学铁路系列丛书》
编　委　会

序言

Preface

2023年是“一带一路”倡议提出十周年，《跟我学铁路系列丛书》（简称《丛书》）出版是一件喜事。

从事来华留学教育管理工作20年来，恰逢中国留学教育快速发展阶段，我非常幸运地参与并见证了北京交通大学轨道交通国际教育的发展壮大。随着中国铁路走出去，以及高铁名片影响力不断增强，学习铁路相关专业的留学生越来越多。学校建设了高铁双语教学虚拟现实实践平台，以满足学生对铁路相关词汇和知识的学习，但浅显易懂、图文并茂，能体现实用性、先进性的系列教材还是空白。

近年来，随着采用中国设备、中国标准、中国管理等不同模式的多条铁路进入运行，如亚吉铁路、蒙内铁路、雅万高铁等，铁路各专业人才的培养与培训需求增加，也将进一步推动相关教材的建设。

《丛书》既可以作为有汉语基础的人士快速学习铁路知识的自学教材，又可以作为对外汉语教师编写铁路专业汉语教材的参考书目，也可以用于海外企业员工的基本能力培训，还可以成为海外企业中国员工与本土员工共同学习及交流的媒介。

《丛书》一定会为从事铁路相关专业的人士所喜爱，成为中国铁路“走出去”的一座知识桥梁，为“一带一路”建设做出贡献。

北京交通大学国际教育学院　院长

2023年4月

丛书前言

Foreword to the series

自2013年中国提出“一带一路”倡议以来，共建“一带一路”倡议得到越来越多的国家和国际组织的积极响应，影响力日益扩大。中国与“一带一路”共建国家以政策沟通、设施联通、贸易畅通、资金融通、民心相通为重点，把理念转化为行动，把愿景转化为现实，不断造福共建国家人民。

2023年是“一带一路”倡议提出十周年，恰逢这一重要时刻，《跟我学铁路系列丛书》付梓，令人心情激动。铁路在“一带一路”设施互联互通中，发挥了至关重要的基础性和先导性作用，深受共建国家的欢迎和期待。十年来，以中老铁路、中泰铁路、匈塞铁路、雅万高铁等合作项目为重点的区际、洲际铁路网络建设取得重大进展。泛亚铁路、巴基斯坦铁路、中吉乌铁路、中国—尼泊尔跨境铁路、中欧班列等合作取得积极进展。据测算，铁路合作直接催生的人才培养和培训需求超过30万人。

来自“一带一路”共建国家的留学生来华学习铁路知识的热情持续高涨，北京交通大学已成为接收相关留学生的重要基地。自1996年开始，学校已为蒙古国培养了400多名专业留学生。100名肯尼亚留学生通过四年本科专业学习，回国后直接服务蒙内铁路（蒙巴萨至内罗毕铁路，由中国帮助肯尼亚建设，于2017年通车运营）的运维。马来西亚政府公务员管理局全额资助300名本国学生来校完成本科双学位学习，以服务马来西亚东海岸铁路项目的建设与后期运营管理。

在留学生培养过程中，我发现除蒙古国留学生外，其他国家的留学生大都采用英文教学，由于欠缺专业中文方面的学习衔接，导致他们对中国铁路的学习和后续的继续教育存在不足。这些留学生虽然通过了中国的汉语水平（HSK）考试，但是对铁路专业词汇了解得还不够深入，急需在其进入专业学习阶段之前，对铁路的基本词汇有所理解和掌握。这也是我十年前萌生组织编写本套丛书的初衷。

语言是连接不同文化的纽带，希望来华留学生能借助《跟我学铁路系列丛书》等专业资料，源源不断地学习中国铁路的技术和管理并付诸实践，与中国铁路工业界保持紧密联系和合作，服务于各国的铁路事业。

本丛书主要作为交通土建类相关专业来华留学生的专用教材，同时适用于中国铁路“走出去”后本土化员工的培训和学习。为了更好地服务海外学员，我们还将与企业合作开发专业的应用程序（App），也计划通过版权合作、版权转让等方式，直接将本丛书推广到海外发行。

中国铁路技术的发展一日千里，铁路国际合作大踏步前行。我们深知本丛书还有一些不成熟和不完善的地方，希望读者或者使用教材的老师不吝赐教。让我们化知识为力量，助力中国铁路纵横四海，践行人类命运共同体理念，更好服务“一带一路”共建国家人民。

北京交通大学　教授

井国庆

2023 年 4 月

前言
Foreword

2023年是共建“一带一路”倡议提出十周年。十年来，我国与共建国家共形成3000多个合作项目，拉动近万亿美元投资规模，“一带一路”倡议为深受欢迎的国际公共产品和国际合作创造了平台。此外，“一带一路”倡议在地理范围上也不断延伸，形成覆盖亚洲、非洲、拉美和加勒比以及太平洋地区的广阔辐射面。

在“一带一路”倡议下，我国铁路“走出去”的步伐不断加快，使用中国装备、采用中国标准、运用中国技术的海外铁路不断建成并投入运营，包括：东非第一条电气化铁路亚的斯亚贝巴—吉布提铁路（亚吉铁路）、非洲区域互联互通“大动脉”蒙巴萨—内罗毕铁路（蒙内铁路），陆路“钢铁巨龙”中国—老挝铁路（中老铁路）、东南亚“最快速度”的雅万高铁等。随着中国铁路在国际上的影响力不断增大，越来越多国家的留学生和铁路相关人员前来中国进行留学和短期培训，学习中国铁路的先进技术及经验。

铁路运营管理是铁路建成投入运营后的关键环节，是铁路运输安全、效率、质量和服务水平的重要保证。本书从铁路运营管理主要涉及的旅客运输、货物运输、站场组织、行车组织四个方面进行介绍，能够让留学生和国外铁路相关人员了解铁路运营管理的总体情况、运营管理涉及的相关技术方法，掌握运营管理涉及的相关关键词的中文、英文、对照拼音等，为其后续对铁路运营管理的深入学习奠定基础。

北京交通大学的刘文茜、夏天、李斯乔、徐恺等为本书的编写提供了大量帮助。另外，本书在编写过程中参考了部分教材、专著和论文，在此向作者表示感谢。

限于作者水平，书中难免存在疏漏与不足，欢迎各位同行批评指正。

编　者

2023年10月

目 录

Contents

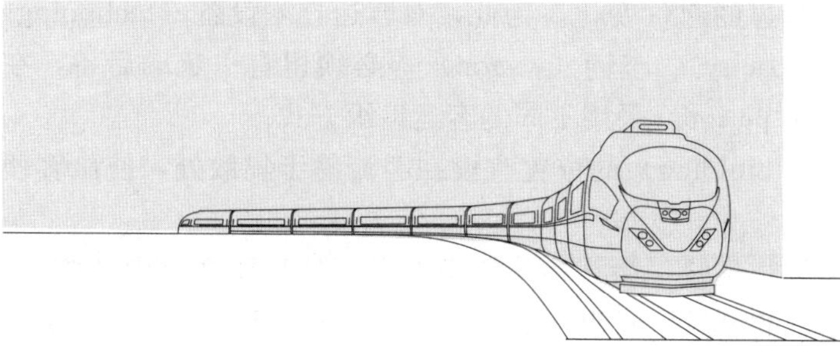

第一章

铁路旅客运输

Railway Passenger Transport

第一节　铁路旅客运输概述
(Overview of Railway Passenger Transport)

旅客运输是现代交通体系的一个重要组成部分，为人们的社会经济、文化活动和社会生活提供必要的出行条件，以满足人民群众在经济文化生活上的旅行需要为目标，以安全、快速、准确、舒适地将旅客运送到目的地为基本任务。交通运输企业为满足人们旅行需要所提供的服务，包括人员、行李、包裹和邮件运输，具有生产性质。

一、铁路旅客运输的特点（Characteristic of Railway Passenger Transport）

铁路旅客运输（railway passenger transport）是利用旅客列车（passenger train）把旅客（passenger）及其凭客票托运的行李从一个地方运送到另一个地方，是铁路运输的重要组成部分，归纳起来有如下特点：

（1）旅客运输的主要服务对象是旅客，其次是行李（luggage）、包裹（package）和邮件（mail）。通过售票（sell tickets），把旅客组织起来并最大限度地满足他们在旅行中的物质文化生活需求，集人、车、站于一体，主要以提供劳务的形式为旅客服务。

（2）旅客运输生产向社会提供的是无形产品（intangible products），其核心产品（core products）是旅客的空间位移（spatial displacement）。它被旅客本身所消耗，其使用价值具有不确定性，其创造的社会经济效益远大于自身的经济效益。

（3）旅客运输在时间上有较大的波动性（volatility）。季、月、周、日和一日内各小时之间常会出现明显的起伏变化。为此，对客运技术设备（technology equipment）、客运能力（capacity）、车辆（wagon）等必须留有一定的后备，在不同的客运量峰值期（peak period）采用不同的客运组织方式。

（4）客运站舍（station building）的位置宜设在客流易于集散处，使旅客便于换乘不同的交通方式。

（5）旅客运输不同于货物运输，旅客在旅行中有不同的物质文化生活需求，如饮食、盥洗、休息、适宜的通风、照明、温度等，旅客运输企业不仅应满足这些需求，而且应积极改善、创造良好的旅行环境并提供优质的服务，使旅客心情愉悦。

（6）客运车辆按铁路局固定配属给客运车辆段，便于客运车辆的运用和维修，以确保车辆处于良好的技术状态。同时，担当旅客列车乘务工作的客运乘务组（passenger service crew）一般是固定随车值乘，便于熟悉情况，做好本职工作。

（7）旅客列车车辆的编成辆数（number of wagons）、编组结构（formulation structure）及编挂顺序（formulation order）在一般情况下是固定的。旅客列车按固定时刻表（timetable）运行，旅客根据自己的旅行需要选择乘车日期（date）、车次（train number）、席别（seat）、到站（destination），自行购票、托运行包，乘车到达目的地。如果旅客乘车站与到达站之间没有直通列车时，旅客需要途中换乘（transfer）。

（8）旅客列车质量标准和速度应合理选择，对各种列车的质量和速度应按其等级（level）作出规定，并逐步提高列车的运行速度，缩短旅客在途中的时间。

二、铁路旅客运输的国家属性（National Attributes of Railway Passenger Transport）

铁路是国家的重要基础设施（infrastructure），铁路运输业是国家经济发展的先行者，因此铁路旅客运输具有明显的国家属性（national attributes），具体表现在以下几个方面。

（1）铁路旅客运输是国家经济发展的支撑。经济的发展必然伴随着人的经济活动，铁路作为旅客与货物流通的重要手段，已经成为经济发展的支撑力量。

（2）铁路旅客运输是维护民族团结的有力纽带。铁路网络连接国家的各个区域，有力促进区域交流与合作，可以快速把各地区不同民族的人民联系起来，促进其发展。

（3）铁路旅客运输是巩固国防和应急救灾（emergency rescue）的重要保证。铁路是运输军队物资和调动军队的重要途径，因此铁路旅客运输对于巩固国防建设非常重要。此外，在遇到自然灾害、突发事件以及紧急情况时，铁路旅客运输是进行救援的有力工具。

(4) 铁路旅客运输是国际交流的窗口。随着经济的发展和国际交流的不断深入，世界各国之间的联系更加紧密，铁路逐渐成为国际交往的名片。以中国高速铁路为例，其作为"一带一路"倡议（the Belt and Road Initiative）的重要内容，已经逐渐走向世界，成为交通运输现代化发展的成就标志。

(5) 铁路旅客运输具有可持续发展战略的特点。铁路旅客运输作为公共交通（public transit）方式，具有一定的环保性。通过对交通需求进行有效管理，引导人们调整消费观念和消费方式，促使人们从可持续发展的角度出发，更多地选择公共交通出行，以减少旅客出行对交通基础设施的需求。

三、铁路旅客运输的优势与发展趋势（Advantages and Development Trends of Railway Passenger Transport）

1. 铁路旅客运输的优势

相对而言，铁路旅客运输具有以下几方面的技术经济优势（technical and economic advantages）：

(1) 安全性（safety）高

世界每年有上百万人死于道路交通事故，有上千万人在道路交通事故中受伤，道路交通事故对人们的生命财产安全具有重大威胁。相比之下，铁路运输具有很高的安全性，事故率（accident rate ）非常低、伤亡人数少。发展铁路运输可以相应地减少公路交通的需求，从而降低交通事故的发生次数和死伤人数。

(2) 快捷（rapidity）、方便

在安全的基础上，速度是旅客关心的首要因素。随着高速铁路的建设和普速线路的提速，铁路旅客运输的快速客运网络逐渐形成。高速铁路的运营速度已达到 200～400km/h，而高速公路通常限速在 120km/h 以内，一般公路则速度更低，铁路的速度优势得以凸显。飞机虽然速度快，但是在城市中站点少导致可达性（accessibility）较差，而铁路车站一般位于市中心，更加方便。综合来看，铁路客运具有快速、方便的特点。

(3) 绿色环保

有关资料显示，在日常运量下，铁路产生的噪声为公路的 1/2～1/3。高速铁路则基本上消除了粉尘、油烟及废气污染，有害物质排放量仅为公路的 1/20～1/10，不到飞机的 1/100。目前公路发展迅猛，私人汽车数量快速增长，总排放量也随之提高，环境压力将会越来越大。因此，国家应更坚定地发展和鼓励使用污染少的铁路客运，特别是城际铁路和市郊铁路。

(4) 土地利用率（land utilization rate）高

铁路干线与公路相比，在节省土地占用方面具有一定的优势，特别是在大流量的通道中较为明显，国家Ⅰ级双线铁路与四车道和六车道的高速公路的工程总体占地比为 1∶1.40～1∶1.37。资料显示，一条双线铁路具有 16 车道公路相同的运输能力，而其所需土地宽度仅为公路的 1/8。

（5）能源消耗少

与其他运输方式相比，铁路客运一方面能源消耗低，另一方面能源的适应性强。资料显示，铁路与其他运输方式相比，每万吨千米（10000t/km）周转量（turnover）的燃油消耗量比值是：铁路：管道：水运：公路＝1：2：4：20。

（6）运输成本（cost）低

在运输成本中固定资产折旧（fixed assets depreciation）费所占比重较大，而且与运输距离长短、运量的大小密切相关。运距越长、运量越大，单位成本越低。一般来说，铁路的单位运输成本要比公路运输和航空运输要低得多，有的甚至比内河航运还低。

2. 铁路旅客运输的发展趋势（development trend）

铁路旅客运输在世界各国表现出了强劲的发展势头，尤其随着高速铁路的发展，在技术装备、服务设施、服务产品和手段等方面构筑了高速度、高质量、高水平的铁路旅客运输系统。

世界铁路旅客运输的发展趋势主要体现在速度、服务、客货分线（separated line between passenger and freight transportation）运输、产品设计、融入大城市快速轨道交通系统、运营管理智能化（intelligent）和客运管理体制改革等方面。

（1）铁路客运高速化、快速化

列车速度是一个国家铁路技术水平的重要标志。速度、价格和安全是人们在选择交通工具时首先要考虑的因素。高速行车，压缩旅客在途时间（passenger traveling time）是铁路旅客运输面对各种客运交通方式竞争的有力手段。1964年，世界上第一条高速铁路——东海道新干线在日本诞生，最高运营时速达到了210km。此后，法国、德国等也竞相发展，美国等国家也有规划和计划。目前，世界高铁运营里程最长的国家为中国，截至 2022 年年底，中国高铁运营里程（operating mileage）达到 4.2 万 km，连续多年稳居世界第一。

（2）不断提供优质的服务项目

先进的服务设备、上乘的服务质量以及舒适的旅行环境，这些是吸引客流、增强竞争力（competitiveness）的必要条件，也是旅客选择交通工具的重要因素。世界各国铁路旅客运输业，都十分重视服务手段的创新，不断提供优质的服务项目。

（3）在繁忙干线（trunk）实行客货分线

针对客货混跑的线路，由于货运与客运所需开发、增强的技术不一致，在线路的建设和维修上产生了矛盾，由于线路的单一，在运输组织的安排上又会互相干扰。这样，客货混跑不仅不能提高运行速度、增加列车密度，反而会使运输安全受到严重影响。从能力使用方面看，客运专线列车最小间隔（interval）可达

3min，列车密度可以每小时开行 20 列，能够实现大运量、快速和高密度运输。为提高服务质量和运输效率，发达国家都确定了在繁忙干线实行客货分线运输的技术政策和发展方向。

（4）以客运市场需求为导向

提供多样化（diversify）、个性化（personality）的运输产品，旅客的选择是客运市场存在和发展的唯一决定性因素。客运企业提供给客运市场的产品越多样化，就越可能扩大对客运市场的占有率（occupation rate）。

（5）利用技术优势，发展城市、城际（intercity）快速运输系统

随着工业化、城市化进程的加快，城市交通拥堵成为急需解决的问题。而轨道交通由于其污染小、占地少等技术经济特征，世界许多城市都将大力发展城市轨道交通作为实现现代化和可持续发展的基本走向。为缓解交通紧张的压力，大的中心城市大力发展城市轨道交通，开行小编组、大密度、快速度的城市列车。市郊铁路（suburban railway）是城市轨道交通体系的重要组成部分，也是各国铁路参与城市轨道交通的重要形式。

（6）运营管理智能化发展迅速

铁路旅客运输智能化是当代铁路旅客运输的又一特征和发展趋势。自 20 世纪 80 年代以来，随着社会发展对铁路提出“高安全、高效率、高品质服务”的要求，许多国家将智能技术、信息技术、通信技术等现代先进技术与铁路运营（operation）管理、调度（dispatch）指挥、列车行车控制（train operation control）、安全监控等相结合以全面提高铁路运输服务能力。

（7）改革客运管理体制

从 20 世纪 80 年代开始，各国铁路面临着严峻的形势，外部环境——同其他运输工具的竞争，政府对国有铁路投资和补贴相应减少，内部环境——传统的管理模式僵化，单一地依靠两根钢轨输送列车的业务使企业缺乏竞争活力。于是，开展多种经营是各国当时铁路发展的共同趋势。世界铁路改革的一个重要内容就是铁路运输企业重组。铁路企业重组无非是使其组织结构更适应市场化经营，更有效满足客货运输需求（transport demand）。

四、铁路旅客运输产品（Transport Products of Railway Passenger Transport）

传统的铁路旅客运输产品（transport products）的概念，是指在铁路旅客运输过程中实现的旅客在空间上的位移，其计量单位（unit）是“人·千米”（人/km）。长期以来，铁路企业在旅客运输产品的开发、定位等方面深深根植于这一传统“产品”概念，忽略了“服务”的意识，造成铁路旅客运输产品单一、服务水平低下、社会效应弱、企业效益差等问题。

铁路旅客运输既有一般生产部门的特性，又有服务行业的属性。这种双重属性决定了铁路企业在生产旅客“位移”这种产品的同时，还必须创造“服务”这

种附加产品，也就是说，“服务”这一产品的生产自始至终贯穿于旅客运输生产全过程。因此，科学意义上的铁路旅客运输产品应具备“位移”和“服务”的双重概念。

现代营销理论认为，产品的概念应该是一个整体性概念，它包含三个层次：①核心产品；②形式产品；③附加产品。客运产品的整体概念也包括这三个层次，如图 1-1 所示。

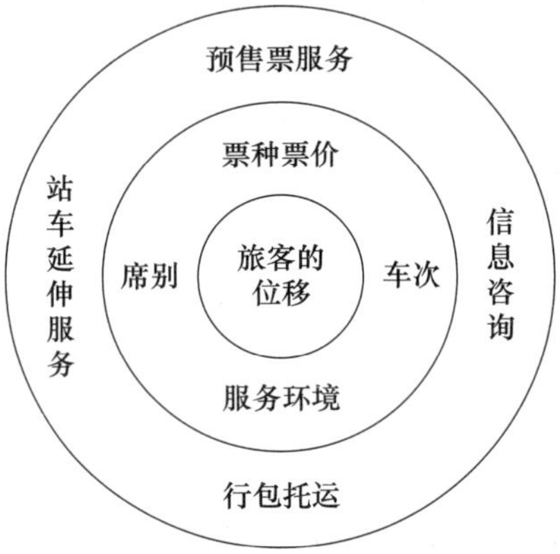

图 1-1　客运产品整体概念示意图

从核心产品层次上说，客运产品就是旅客的位移。这是从客运产品使用价值的角度定义的。旅客购买了客运产品，在正常情况下就能满足自己从出发地到目的地的需求，这个层次的产品，是产品的核心内容。任何形式的客运产品，包括铁路、公路、水路、航空，都必须具备旅客位移这个内容，离开了这个层次，客运产品就失去了存在的意义。

从形式产品层次上说，铁路客运产品就是可供旅客选择乘坐的不同档次的列车或同一档次的不同席别，是核心层产品的载体。它是核心层产品在形式上的表现，客运产品的基本效用只有通过形式产品才能得以实现。在形式产品层次上，铁路客运产品具有可感知的几个属性，如质量、席别、服务态度等。客运企业必须着眼于旅客购买唯一产品时所追求的旅行需求，并以此为依据去改造已有产品或设计新产品。

从附加产品层次上说，铁路客运企业提供给旅客的是购票、候车、行包托运、列车上的旅行服务以及其他延伸服务。这个层次上的产品，是客运企业提供给旅客的各种服务和旅行生活所需的保障条件，客运企业只有提供了比其他客运企业更多的保障、更便于旅客旅行的服务时，才能增强客运企业在市场中的竞争力，吸引更多的旅客。

在交通运输日益激烈的市场竞争环境下，通常客运企业提供给市场的不是单一的产品，而是以整体产品概念为基础的一种组合产品，它是核心产品、形式产品及服务产品以不同的形式组合而成的。客运企业根据产品在市场上所处的地位及企业的自身实力选择一定时期内运输企业产品的最佳组合，满足旅客差异化（differentiation）和层次化（hierarchy）需求。

客运企业的新产品，不一定是完全创新开发的产品，只要产品的三个层次中有一个层次有较大的变化，能为旅客带来新的满足，为企业增加新的效益，就可以成为新产品。一般设计新产品主要是在形式产品层和附加产品层两个方面进行。

第二节 铁路旅客运输需求与计划
(Demand and Plan of Railway Passenger Transport)

铁路旅客运输的直接服务对象（service object）是人，由具有不同旅行需求（travel demand）和支付能力（ability to pay）的旅客群体组成，其中每位旅客的收入水平、兴趣爱好等自然属性（natural quality）和出行目的（travel purpose）、出行距离（travel distance）、出行时间（travel time）等各不相同。铁路运输企业应系统分析旅客运输需求并指导其运输企业的经营管理、产品设计和生产组织等，可以通过市场调查（ market investigation）了解运输需求与运输产品适应性。

一、铁路旅客运输需求（Demand of Railway Passenger Transport）

1. 铁路旅客运输需求概念及组成要素

需求与供给是运输市场的两个基本要素。运输需求是运输供给（transport supply）的前提和基础，也是运输企业规划和运输资源配置、运输生产活动组织的基本依据。因此，研究运输需求的产生机理、运输需求的影响因素、运输需求量和结构等是铁路旅客运输生产经营、组织管理、运输产品设计的前期工作。

旅客运输需求是指在一定时期内、一定的价格水平下，社会经济生活在旅客空间位移方面提出的具有支付能力的需要。运输需求应具备两个条件：一是有购买运输服务的欲望或要求，只有这样，运输供给者才具备满足这种需求的可能性；二是具有购买能力，在一定的价格水平下，购买者的收入水平越高，购买能力越强。旅客运输需求包括七个要素。

（1）运输对象

旅客自身及其与旅行相关的行李。不同旅客在旅行中的需求内容是有差异的。

（2）流量（flow quantity）

需求的规模。需要明确的是需求量与客运量是有区别的，前者源发于旅客，后者为运输企业实际，两者相互影响。

（3）流向（flow direction）

旅客实现位移时的空间走向。表示客流的产生地和消失地，是旅客运输需求空间结构的关键要素。

（4）运程（transport distance）

旅客位移的起始地至到达地之间的距离。在竞争激烈的客运通道上，各种运输方式和产品的市场优劣势可以此为标准划分。

（5）运速（transport speed）

旅客出行对运输速度方面的要求。随着人们时间观念的增强，旅客对运速方面的需求越来越高，运速需求一般与其他因素交织在一起对出行方式和产品选择产生作用。

（6）运时（transport time）

旅客发生空间位移时对时间性的要求，包括从起始地至到达地之间所用的时间及对位移产品完成“时刻”的要求。

（7）运价（transport price）

旅客出行费用。旅客出行对运输费用的要求和承受力也是发展中国家和发达国家在需求上的明显区别。

2. 铁路客运需求影响因素

旅客运输是一种社会活动。影响旅客运输需求的因素很多，具体可以从社会经济发展水平、居民的收入和消费水平、人口数量和结构、城镇化发展水平、旅游业发展、运输业发展、运输方式间的替代性以及客运运价水平来分析。

（1）社会经济发展水平

社会经济发展水平是影响旅客运输需求的最基础性因素。旅客运输需求中的很大一部分属于生产和工作性运输需求，如业务洽谈、技术交流、学习、参加各种会议等所产生的出行需求。从静态角度看，凡是经济发展水平高的国家和地区，旅客需求数量和质量水平就高；相反，经济发展落后的国家和地区，旅客运输需求水平就相对较低。从动态角度看，经济高速发展期，旅客运输需求就增加较快，大量的人员因生产或工作需要频繁出行；相反，经济处于较低发展期，旅客出行的数量和频率相应会降低。此外，经济发展水平还通过影响人们的收入水平和消费水平而影响生活性的客运需求。因此，经济发展水平是影响客运需求的一个总量性因素。

（2）居民的收入和消费水平

在旅客运输需求中，除生产性需求（productive demand）外就是生活性需求（living demand），如探亲、访友、旅游等所产生的旅客运输需求。这些需求与人们收入水平密切相关。当其收入水平提高时，不仅需求量增加，而且需求层次也相应会提高。例如随着经济发展和收入的增加，人们对生活品质的追求更加迫切，旅游及各种社会交往方面的出行需求随之快速增加。

（3）人口数量和结构

人口因素会直接影响旅客运输需求的产生。一方面，人口的密集程度是直接影响客运需求的主要因素。一般而言，人口密集的国家或地区，其旅客运输需求量相应就高；人口稀疏的国家或地区，其旅客运输需求量相应就比较低。另一方面，人口结构对旅客运输需求产生影响，其影响程度比人口数量变化的影响更加突出。例如，城市人口大多从事工业、商业、贸易和服务业等工作，其出行频率高，因此要比生产单一、集中的农村人口形成更多的旅客运输需求。同样，高收入的人口比低收入的人口、中青年人口比老年和少年等非就业人口产生更多的客运需求等。因此，人口的数量和结构是分析旅客运输需求所不可忽视的因素。

（4）城镇化（urbanization）发展水平

随着经济的发展，我国农村城镇化的进程越来越快。城市化主要体现在土地使用量和人口规模的大小。城市的快速发展使得农村进城务工人员越来越多，因此就会刺激客运需求的产生和增加。同时，农村和乡镇企业等经济快速发展，使得城镇与农村的联系更加紧密，城乡居民的交流也会更加频繁，这又将刺激客运需求的产生和增加。

（5）旅游业发展

随着人们生活水平的提高，旅游需求在整个生活需求中的比重越来越大。旅游运输需求比普通客运需求更具潜力。因此，在分析一个国家或是一个地区的旅客运输需求的发展变化时，也要重视对本地旅游业发展的考虑，其中不仅要考虑本地旅游资源的数量，而且要考虑旅游资源的等级，以判别其对国内外游客的吸引力大小和对旅客运输需求所产生的影响。

（6）运输业发展

旅客运输业的发展，不仅体现在运输设施数量的增加，还体现在运输服务产品质量的提高上。它对旅客运输需求的影响同样表现在刺激客运需求和抑制客运需求两个方面。如果运输布局合理，运输能力充足，技术性能先进，运输服务质量优良，将会拉动旅客运输需求的产生；相反，运输发展滞后，则会抑制旅客运输需求，如我国高速铁路和地铁的快速发展激发了城际和城市客运需求的提高。

（7）运输方式间的替代性（substitution）

旅客运输需求也受各种运输方式之间、各类运输产品之间的替代关系影响。如果从某具体运输方式或运输企业的角度分析其运输需求，就必须考虑到其他相关运输方式和运输企业对自身需求替代程度的大小。为此，要系统地把握本企业、本运输方式的竞争能力和市场占有能力的强弱。

（8）客运运价水平

生产性出行的旅客，其运费支付要列入企业的生产成本，对企业的经济活动效果产生直接影响。消费性出行的旅客，运价水平高低直接影响他们的生活性开支。因此，在一定条件下，运价上涨会抑制旅客运输需求；相反，运价下降则会刺激旅客运输需求。另外，运价水平往往与运输企业或产品的市场占有率等成反比关系，即某运输企业或产品提高运价，会引起客运需求向未提价的运输企业或产品转移，那么该运输企业和产品的市场竞争力就会下降。

总之，在不同的时期、不同的经济条件下，影响旅客运输需求的因素不尽相同，影响程度也有差异。同时，在各种运输方式竞争下，不同的方式所受的影响和程度也不相同，应该针对具体市场情况进行全面分析。

3. 铁路客运需求与客运量（passenger volume）的关系

在旅客运输中，还有一个重要的概念，即旅客运输量，也叫客运量。旅客运输量是在一定运输供给条件下所实现的人员的空间位移量，大多数情况下，运输量并不能完全代表社会运输需求。运输需求能否实现，取决于运输供给的状况，在运输能力完全满足需求的情况下，运输量可以基本上反映运输需求。当运输能力满足不了运输需求时，运输量不能代表社会经济活动对该种运输方式或产品的需求，而仅仅代表受运输供给限制条件下实现了的运输需求量，如图 1-2 所示。如果运输企业增加运输设施、改进运输生产技术，扩大运输能力，潜在的运输需求就会相应变成实际的运输量，也称为诱发运量（induced volume）。

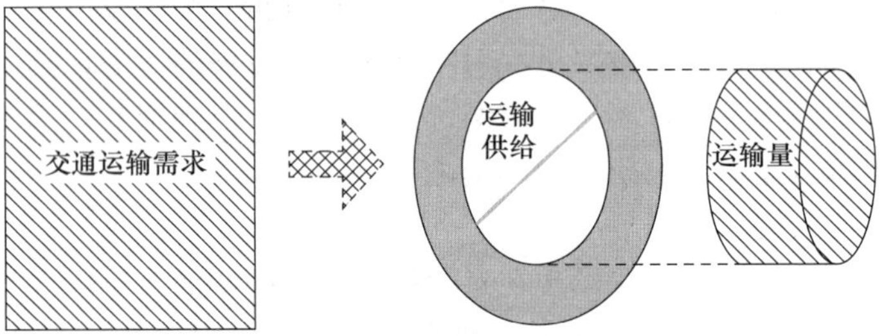

图 1-2　铁路客运需求与客运量的关系

以中国铁路为例，其运输能力长期以来属于社会紧缺资源，供需矛盾较为突出，其中旅客运输更是远远不能满足社会大众的出行需要。但随着中国高速铁路网的建设和运营，铁路运输服务能力有了显著提升，从近年来铁路客流总量上看，增加的主要是诱发客流。因此，在未来运输能力相对充足的情况下，铁路更需要从营销的角度对旅客运输需求进行系统地分析。

4. 铁路客运需求结构（demand structure）

铁路旅客运输需求结构是站在铁路运输企业角度对旅客运输需求的描述方式，是基于一定竞争环境中的铁路所能吸引或承担的客流类型及数量的定量化分析，既展现了铁路所能提供各种运输产品的服务能力，又能反映出其他运输方式的竞争性和客运需求的自然属性、社会属性。铁路旅客运输需求结构可以按旅客的自然属性（如年龄、职业等）描述，也可以从其出行特点（如出行目的、出行距离等）描述。

对旅客运输需求结构的分析，可以从历史统计数据中了解铁路所完成的或满足需求的结构性特点，也可以从旅客客流属性（passenger flow attributes）及出行意愿（travel intention）角度了解运输需求结构发展规律。这些均可为预测客运量及产品设计提供科学依据，对运输企业经营有着重要意义。

（1）铁路客流历史分布特征结构

铁路客流历史数据反映了已实现的运输需求。在运输能力不受限制的条件下，分析历史客流结构更能反映客运需求的规律性。对铁路客流历史数据的分析研究主要从客流的时空分布以及运输产品属性等角度进行，具体包括客流按照线路、区段的时间分布、空间分布、运距分布、产品类型分布等。

（2）客流属性特征及出行意愿特征结构

铁路客流属性特征及出行意愿特征结构分析是站在铁路的角度，以多种交通方式竞争为背景，从旅客运输需求的客观性和旅客出行选择的主观性出发，研究铁路产品对市场的吸引程度和规律，从而形成铁路客运产品设计思路和经营决策。前者将客流作为一个整体，反映了在一定社会和市场背景下客流属性的客观性；后者从具体旅客行为考虑，反映了旅客的主观性“偏好”。

通过旅客运输需求结构分析，可以较准确地掌握整个客运市场对客运产品的选择规律，从而有利于针对不同类型旅客采取不同营销措施，开发适销对路、市场定位明确的运输产品，制定铁路客运生产计划等。

二、铁路客流计划（Passenger Flow Plan of Railway）

客流计划（passenger flow plan）是铁路客运计划体系中的核心内容之一。它是连接旅客运输需求和客运产品间的桥梁，既体现了运输企业市场营销策略（marketing strategy）的基本思路，又指出了客运产品设计的方向，并对运输资源配置提出了要求。

1. 旅客运输计划（passenger transport plan）体系

铁路旅客运输的基本任务是充分满足人民群众在经济文化生活上的旅行需要，安全、快速、准确、舒适地将旅客运送到目的地。实行计划运输是铁路运输业为满足人们旅行需要，提高旅客服务质量、有效利用客运技术设备的重要保证。

（1）旅客运输计划分类

旅客运输生产过程的执行及客运产品与服务的完美呈现需要一系列的可执行计划的编制、执行、考核、优化，所以旅客运输计划体系贯穿了旅客运输组织的各环节和过程，按计划所涉及运输过程的时间维度划分，旅客运输计划分长远计划（long-term plan）、年度计划（annual plan）和日常计划（daily plan）。其中，长远计划主要由计划部门负责编制，年度计划由计划部门和客运部门共同编制，日常计划由客运部门编制。

另外，随着铁路信息化水平的发展和市场营销的要求，在既有的年度计划、编制开行方案和运输方案的基础上，铁路还会根据季节性客流的变化对其进行季度或月度的短期预测，并形成更有针对性的节假日、高峰期或周末的客流计划，作为运输方案设计和调整的依据。

（2）旅客运输计划指标（index）

旅客计划的内容通常用指标系列来描述，指标是计划内容的数值表示。各种计划中相互联系的指标，构成铁路客运计划的指标体系。一个完整的指标，由指标名称、计量单位、所属时间、所处空间、指标数值等部分组成。例如，年度旅客运输计划包括旅客发送量（passenger dispatching volume）、旅客运输量、旅客平均行程（travel distance）和旅客周转量（passenger turnover volume）等指标。长期计划的指标与年度计划基本相同。日常计划的指标是在年度计划指标的指导下，更加突出生产组织和服务过程的控制和调整。

在以上计划体系中，各环节都有更具体和丰富的计划内容，其中年度计划对运输组织和经营来讲是最为丰富和关键的，除了客流计划以外，还应包括列车运营计划及票额组织计划等内容。

（3）旅客运输计划同货物运输计划比较具有的特点

① 计划期内人们提出的旅行需要，运输部门不能拒绝，不能延期或提前，必须及时满足。

② 旅客要求的径路（route）和到达地，不能像货流那样进行调整。

③ 运输企业提供的运输能力不仅要适应需求的数量，还应满足其质量结构上的要求。

④ 铁路运送旅客的能力及客运机车车辆的工作量取决于旅客列车运行图。运行图的编制时间与计划部门编制年度旅客运输计划的时间并不完全一致，从而增加了综合平衡的复杂性。

计划要正确反映客观经济规律的要求，切忌主观随意性。经验表明，以运输需求和运输服务为导向的运输方案和计划的制定是必然发展方向。

2. 客流计划编制要素

1）客流的形成及分类

旅客根据需要选用一定的运输方式，在一定的时间和空间范围内做有目的的移动便形成了客流。

组成客流的要素是：流量、流向、流时、流程和旅行目的。客流信息是旅客运输系统的基本信息。客流可按不同特性进行分类，如按旅行距离可以分为长途、中途和短途客流，按身份职业可分为工、农、商、学、兵客流。

中国铁路采用的是按旅行距离结合铁路局管辖范围的分类方法，将客流分为直通客流、管内客流两种。

(1) 直通客流（through passenger flow）

旅行距离跨及两个及其以上铁路局的客流为直通客流。一般来说，此种客流旅行距离较长，购票早、进候车室早、送客亲友多，要求列车服务标准高，注重舒适度。

(2) 管内客流（local passenger flow）

旅行距离在一个铁路局范围以内的客流称为管内客流。一般来说，管内客流旅行距离较短，旅客注重便捷，其他要求较随意。

2）客流计划的编制要素

铁路客流计划的编制要素包括客流月（passenger flow month）、客流区段（passenger flow section）、客流图（passenger flow diagram）等。

铁路运输企业制订客流计划而采用来自历史数据中某月份的实际客流统计资料进行分析，该月便称为客流月。

客流区段是指客流的到达区段，它不同于机车牵引区段，其长度按客流密度的变化情况而定。在一般情况下，凡大城市之间客流密度大致相同的地段，即可作为一个客流区段，客流密度不同的，则需分为两个或几个客流区段。直通、管内都有自己的客流区段。

客流图也称客流区段图，是旅客由发送地至到达地所经过的客流区段的图解表示，如图 1-3 所示。客流图直观地反映了各区段客流流向和流量变化情况。编制客流图的目的主要是为在编制列车开行方案时，提供确定旅客列车对数和运行区段所需的计划客流量。经常编制客流图，可以掌握各个时期各铁路线客流流向和流量变化情况，掌握客流变化规律，以便提供日常和节假日客流组织办法。

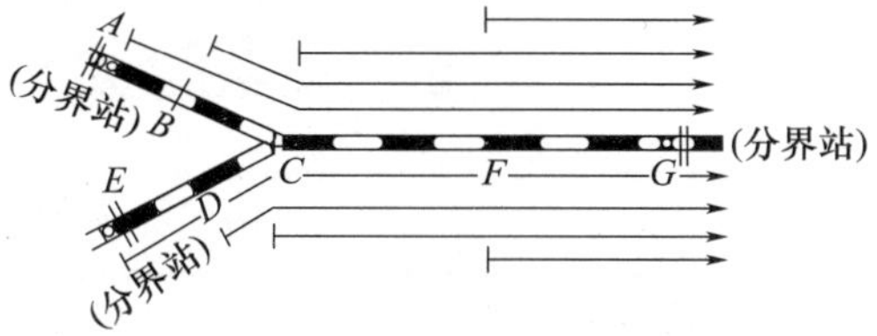

图 1-3　客流区段图

第三节　铁路旅客列车（Railway Passenger Train）

一、铁路旅客列车概述（Overview of Railway Passenger Train）

1. 旅客列车（passenger train）种类

对不同的客流和不同的线路设备条件需开行不同等级的列车。目前，中国旅客列车根据其列车编组（train formation）、旅行速度（travel speed）、运行范围、设备配置及作业特征等基本条件的不同，分为不同类别的列车。

为区别不同方向、不同种类、不同区段和不同时刻的列车，也为方便旅客区分列车种类及考虑铁路人员的工作需要，需要为每一列车编定一个标识码，这就是车次（train number）。

为了保证行车安全，维护运输秩序和车次编码的规范化，中国规定全路向北京、支线向干线或指定方向的为上行方向，编为双数车次，反之为下行方向，编为单数车次，一些列车在运行全程中，上行、下行发生变化时需变换车次。

主要旅客列车种类及车次范围如图 1-4 所示。

高速动车组旅客列车
- G1~ G9998

城际动车组旅客列车
- C1~ G9998

动车组旅客列车
- D1~ D9998

直达特快旅客列车
- Z1~ Z9998

特快旅客列车
- T1~ T9998

快速旅客列车
- K1~ K9998

旅游列车
- Y1~ Y9998

普通旅客列车
- 1001~ 7598

临时旅客列车
- L1~ L9998

图 1-4　旅客列车种类及编号

2. 旅客列车编组

旅客列车中各种车辆的构成（如动车、拖车、硬座车、卧铺车、餐车、行李车、发电车等）、数量及其编挂顺序都有一定的规范，称为旅客列车编组。旅客列车的编组是固定的，编制旅客列车编组表，目的是具体确定每对旅客列车的编组情况，其主要内容如图 1-5 所示。

3. 旅客列车质量和速度

旅客列车的质量和速度决定着旅客列车编挂客车数的多少和旅客在途时间的长短，直接影响到铁路的客运能力、服务质量和客运设备的使用效率。选择旅客列车最佳质量和速度的方法有别于货物列车，要考虑的因素是多方面的。主要应针对提高旅客列车直通速度这一要求进行考虑。在机车类型和线路条件已定的情

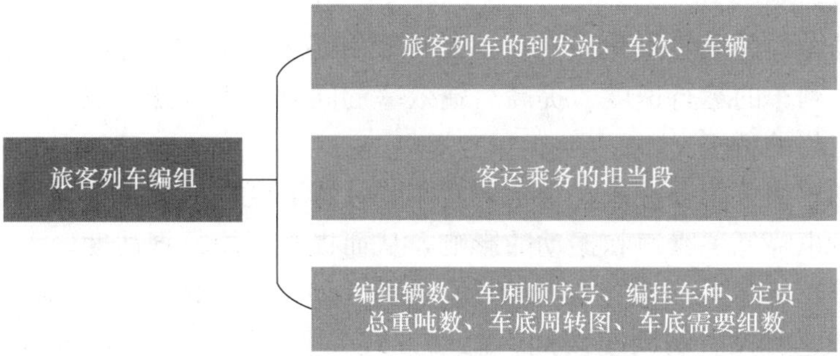

图 1-5 旅客列车编组内容

况下，提高直通速度可采取加速列车运行，压缩停站次数，缩短停站时间等措施来实现。

在旅客列车的质量标准和编组辆数确定之后，根据各种旅客列车的编组结构，可以计算出它们的定员。在已编制和客流计划的基础上，着手拟定旅客列车开行方案。

二、动车组简介（Introduction of Electric Multiple Unit）

动车组（electric multiple unit）是由动车（powered car）和拖车（trailer car）或全部由动车所组成的自带动力、固定编组的旅客列车。动车组中带有动力的车辆称为动车，用“M”表示，不带动力的车辆称为拖车，用“T”表示，列车两端都带有司机室，可在线路上往复运行。动车组具有安全可靠、运行快捷、乘坐舒适、编组灵活等特点，是高效率、大密度的旅客运载工具。

1. 动车组的特点

动车组的特点如图 1-6 所示。

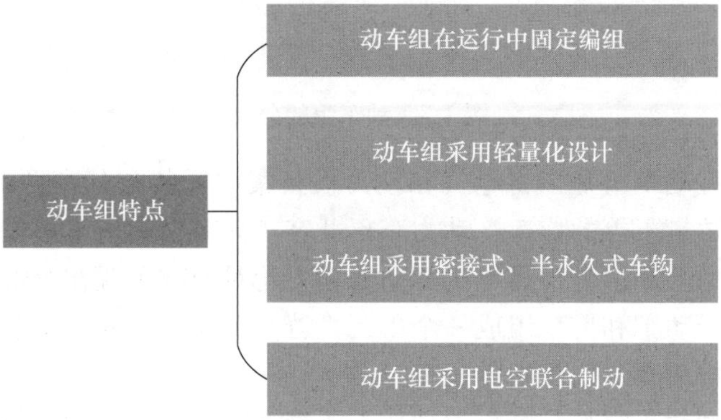

图 1-6 动车组的特点

（1）动车组在运行中固定编组，运行效率高。在车站需要折返（turn back）或换向运行时无须摘挂机车，可以节约停站时间，提高列车使用效率，减少车站咽喉作业能力的压力。

（2）动车组采用轻量化设计，运行质量和效益好。轴重低，加速度设置大，在显著提高列车的运行速度、提高运输效率的同时，不过分增加工务部门对线路维修养护工作的负担。

（3）动车组采用密接式、半永久式车钩，舒适度高。减少了动车运行的纵向冲动，同时也降低了噪声和振动的影响，从而提高了旅行舒适度。

（4）动车组多采用电空联合制动（braking），制动效果好。制动空走时间短，制动减速度大，制动距离短，制动方式灵活，可以在短时间内反复缓解制动，也可以阶段制动、阶段缓解。在保证安全的前提下，可明显提高行车密度，提高整个铁路网的运输能力。

2. 动车组的分类

动车组一般按动力配置方式可分为动力集中型（power concentrated）动车组和动力分散型（power separated）动车组。此外，还可以按牵引动力装置主要分为内燃动车组和电力动车组两类，其中动车组按动力配置方式的分类及特点，如图 1-7 所示。

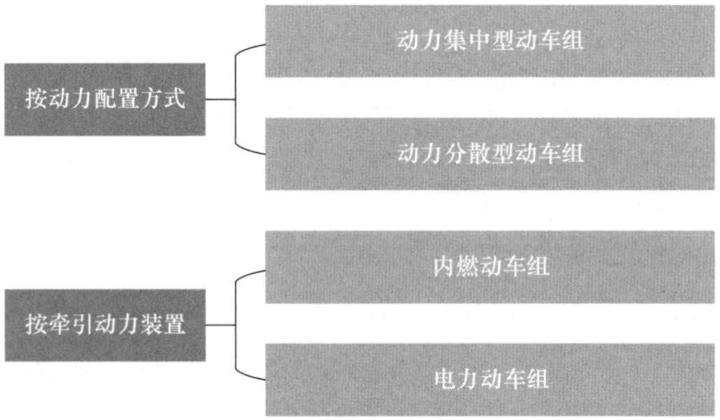

图 1-7　动车组的分类

动力集中型动车组是指将电气和动力设备集中安装在列车两端的动力车上，动力车之间为数量不等的拖车，动力车不载客，只有中间拖车可以载客。

动力分散型动车组是指将电机驱动的动力轮对分散布置在全部车辆或大部分车辆上，由若干动车和拖车组成一个单元；若干单元组成列车牵引动力分散在各个动车上，不再配有专门牵引的机车。

动力分散型动车组具有牵引力功率大，最大轴重小，启动、加速、制动性能好，对轨道冲击小，车外噪声较小，黏着性能好，可靠性高，列车利用率高，编组灵活，运用成本低等诸多优点。因此，动力分散型动车组是当今世界铁路动车组，特别是高速动车组技术发展的方向。动力分散型动车组与动力集中型动车组的比较见表 1-1。

表 1-1　动力分散型动车组与动力集中型动车组比较

项目	动力集中	动力分散	比较
电气、机械设备	少	多	动力分散型需增加多台牵引电机
乘坐舒适度	优	相对较差	动力集中型车厢内振动与噪声较小
轴重	大	小	动力集中型对轨道要求较高，维护费用高
转向架轴距	大	小	动力分散型通过曲线性能好，维护费用低
动、拖车比例调整	困难	容易	—
对黏着的要求	高	低	—
机械制动装置的负担	大	小	动力分散型可充分利用再生

第四节　铁路旅客运输组织
(Railway Passenger Transport Organization)

铁路是以列车运行方式进行运输生产活动的，旅客乘车旅行所消耗的时间大部分是在列车上。为满足旅客的出行需要，方便旅客出行，铁路运输企业需要确定适当的旅客列车开行数量、种类、运行区段，以及合适的列车始发、终到和通过沿途各主要站的时间，并考虑列车合理的停车站和较快的直通速度。只有正确地组织各种旅客列车的运行，才能使旅客感受到铁路运输的便利、快捷，同时，也才能经济、合理地使用客运机车车辆和各种技术设备。

旅客列车运行组织工作的内容大致可分为制定旅客列车开行方案（operation plan)、编制旅客列车运行图（train diagram)、确定旅客列车运行计划（train operation plan)。

一、旅客列车开行方案 (Operation Plan of Railway Passenger Train)

列车开行方案是以客运量为基础，以客流性质、特点和规律为依据，科学合理地安排包括列车开行等级（level)、种类（type)、起讫点（origin and destination)、数量（quantity)、经由线路（route)、编组内容（formulation composition)、停站方案（stop schedule plan)、列车席位利用（utilization of train seats)、车底运用（rolling stock scheduling）等内容，体现从客流到列车流的组织方案。

按照列车运行的线路及组织特点，可以把旅客列车开行方案分为既有普速铁路旅客列车开行方案、高速旅客列车开行方案和跨线旅客列车开行方案三种。由于三类旅客列车开行的技术设备条件、运输组织模式、旅客需求特点、运输能力水平及运输组织过程有较大差异，其编制原则、方法及评价均有不同。

按照列车开行的区域范围，旅客列车开行方案可以分为直通旅客列车

（through passenger train）和管内旅客列车（local passenger train）开行方案。从编制过程上看，跨两个铁路局运行的旅客列车，其开行方案由两个铁路局协商确定；跨三个及其以上铁路局运行的旅客列车，其开行方案由铁路总公司统一协调编制。管内旅客列车开行方案由铁路局自行编制，报铁路总公司备案。

综上所述，旅客列车开行方案是铁路客运产品的载体，它反映了铁路旅客运输的经营策略和服务水平，同时也是铁路客运组织过程的前提条件，因此旅客列车开行方案必须以客运市场需求为基础，并综合考虑铁路设备技术条件和运输组织过程等进行编制。

在编制开行方案时主要考虑以下三个因素。

（1）列车的运行区段

列车运行区段（district）包括始发站、终到站、经由线路以及停靠车站四个要素。在始发站与终到站之间有多条径路选择时，需要综合考虑各种因素，进行最佳径路的选择，其后再合理确定径路上的停靠车站。以往，铁路运输能力属于社会紧缺资源，在能力限制条件下，并未对停靠车站进行深入考虑，一般只按照沿途客流结构确定；随着高速铁路的建设，铁路运输能力日益充裕，旅客列车数量大幅增加，在选择各列列车停站方案时，除了满足基本客流需求外，还需综合考虑具有相同径路列车之间停靠车站的匹配，合理优化列车开行方案，吸引更多的客流，以达到“引流上线”的目的。

（2）列车的种类

根据不同的客流及其出行特点，不同的线路设备和机车车辆装备条件，铁路可开行不同种类的旅客列车。随着客运市场竞争的日益激烈和客运需求多元化的发展，旅客列车种类也呈现多元化的发展趋势。

（3）列车的开行对数

列车的开行对数是指方向上或区段内为满足客流量需要而开行的旅客列车数量。旅客列车的开行对数，基本上取决于客流计划。旅客列车开行对数是否合理是衡量运行图编制质量的重要标志之一，它既要适应客流量的需要，又要使客运设备得到经济合理的利用。

二、旅客列车运行图（Timetable of Railway Passenger Train）

制定旅客列车的开行方案之后，就需要为每一趟开行列车排点铺图，以便基层站段按图组织行车。旅客列车运行计划即在列车运行图上对旅客列车运行线的铺画。列车运行图是用以表示列车在铁路区间运行及在车站到发或通过时刻的技术文件，规定了各次列车占用区间（section）的顺序，列车在每个车站的到达、出发、通过时刻及在站停留时间、列车在各区间的运行速度及运行时分（running time）、机车交路（locomotive routing）等，是全路组织列车运行的基础，是旅客列车运行组织的具体计划，如图 1-8 所示。

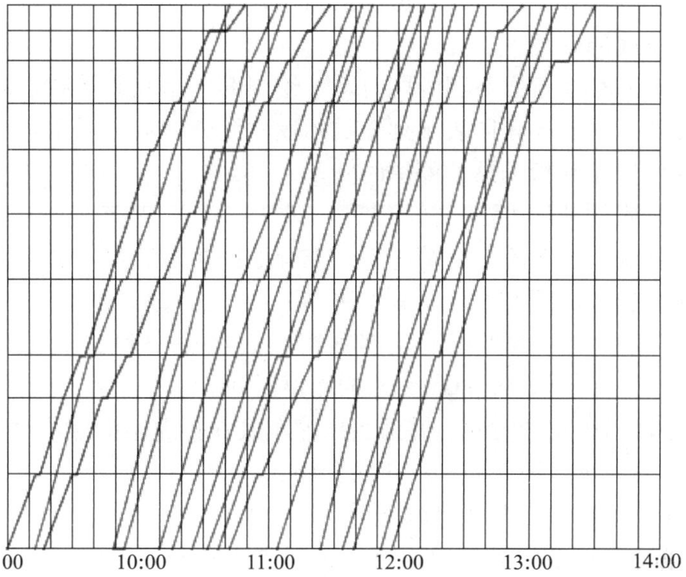

图 1-8 列车运行图

列车运行图分为基本列车运行图（以下简称基本图）和分号列车运行图（以下简称分号图）。基本图（fundamental diagram ）是指经过重新编制或调整，正在实施并持续到下次重新编制或调整为止的列车运行图。调整后的基本图又称调整列车运行图（简称调整图）。分号图（semicolon diagram）是指为适应短期运输、应对突发事件或施工等需要编制的临时性列车运行图。分号图短时间实行后，又会恢复到基本图。

三、旅客列车运行计划（Operation Plan of Railway Passenger Train）

在编制旅客列车运行方案图的同时，应绘制客车车底周转图（train turnround diagrams），以确定各次列车车底的需要数。在既有线上，旅客列车的机车和客车车底的运用与管理一般是分离的。中国客运机车由负责交路的机务段提供并指派相应的机车乘务组，由各交路的机务段和折返段负责其整备工作。一般长途旅客列车需要由其径路上若干个机务段的机车担当，每台机车只牵引列车总运程中的一部分。而客车车底和对应的列车乘务组则由该车底的配属客运段或列车段负责组织与管理。

（1）旅客列车车底需要数

旅客列车编组的客车车种、辆数和编挂顺序一般是固定的，并以旅客列车编组表加以规定。这种固定连挂在一起的车列，叫作客车固定车底，它在固定的运行区段内来回行驶，平时不进行改编。车底一般在配属段所在站和折返所在站之间往返一次所经过的全部时间，称为车底周转时间（turnover time），周转时间的长短是决定某一对列车所需车底数目的依据。

（2）客车车底周转图

在编制旅客列车运行方案图的同时，应绘制客车车底周转图，以确定各次列车车底的需要数。车底周转图表示列车的始发、终到时刻和需用车底组数，并由此计算车底在配属站和折返站的停留时间。

（3）客车车底的使用方法

在客流增长快、客车不足的情况下，充分挖掘客车潜力，加速客车车底的周转，对铁路具有较大的现实意义，其方法如下：

① 提高直通速度，适当压缩旅客列车车底在途中和在配属站（allocation station）、折返站（turn back station）的停留时间。

② 变更旅客列车发到时间，并适当压缩车底在折返站的停留时间。

③ 组织长途列车与短途列车的车底套用。

④ 部分外属车底在折返站组织立折。

⑤ 组织短途与长途列车拉通运行，适当改变一些到发时间。通过少量车底完成多区段的运行任务，但是会增加车底周转时间。

⑥ 以同样编组的成组车底混合服务几种旅客列车，一车底多车次，并缩减车底停留时间，车底需要数也将随之减少。

第五节　铁路客运站作业组织
（Operation Organization of Railway Passenger Station）

一、铁路客运站工作组织（Work Organization of Railway Passenger Station）

客运站（passenger station）是指专门办理旅客运输业务的车站，客货运站是兼办客货运运输业务的车站。它们是铁路与旅客之间联系的纽带，因为这里是旅客与铁路最先和最后接触的场所，双方当事人之间的权利义务关系在此产生或消失。客运站或客货运站的客运车间是铁路旅客运输的基层生产单位，是铁路的“窗口”，一系列旅行手续均在此办理，如旅客列车在此到发及作业等。客运站又是城市的大门，是城市建设的有机组成部分。因此，客运站的工作水平影响旅客、铁路、城市三个方面。

1. 售票工作

售票工作是客运工作的重点之一，只有通过通畅的销售渠道，才能将众多的旅客按车次、方向有计划地组织起来，纳入车站旅客运送计划。

中国铁路售票方式可分为车站窗口售票、自动售票机（ticket vending machine）售票、代售点售票、列车上补票、网络售票（online ticket sales ）等方式。

（1）车站窗口售票

窗口售票是旅客车站购票的主要方式。在铁路售票窗口，购票人可以使用有效身份证件购买车票。一张有效身份证件同一乘车日期同一车次只能购买一张车票。

（2）自动售票机售票

我国大部分客运站均配备了自动售票机和自动取票机。自动售票机具备售票窗口的车次和车票查询功能，且可以实现自动售票过程。购票旅客在人机界面上进行简单操作即可完成相应的购票业务，其操作简单，时间短，具有很高的便捷性。

（3）代售点售票

在城市人口集中的繁华地区或交通便利的地方设立市内客票代售点。客票代售点延伸客票销售触角，不仅能满足人们对购票的快捷和方便性要求，而且可减轻车站的售票压力。

（4）列车上补票

列车上以补票为主进行客票销售，主要是办理无票旅客的补票和车票席别的变更。列车补票作为客票销售的重要补充，不仅可以挽回车票收入的流失，而且可以提高各席别车票的利用率。

（5）网络售票

网络售票的销售模式可以在更大的范围内、更广的层面上，以更高的效率实现资源配置，由于网络销售具有不受场地、时间限制，能自动完成交易等优势，有效减轻了车站窗口售票的压力，已成为一种重要的售票方式，为旅客出行提供了方便。

2. 旅客乘降（passenger boarding and alighting）工作

有秩序地组织旅客在站内通行、检票进站，到列车停靠站台上车，指引下车旅客去出站口检票出站，是客运站的一项重要工作。应根据车站设备条件及列车占用线路来划分旅客在站内的通路。

在大客运站，应从市内交通的停车场、轨道交通衔接车站起，对入站购票、候车的客流分别组织。应设置现代化的导向系统，指示售票处、候车室、各方向各次列车的候车地点及通路，以便旅客按最短径路进站乘车。

旅客上车前检票，应在检票口的明显处设置列车车次、去向和开车时间指示牌。检票时，在站台入口处要组织好客流。旅客下车组织，应在列车到达前及时将到达列车的接车线路、站台和到达时刻通报客运服务人员及接站者，清除出站通路上的障碍物。旅客下车后，使之在站台上停留时间最短，并按指定通路出站。

3. 行包运输（luggage and package transportation）工作

保证行李、包裹（简称行包）安全、迅速、准确、便利地运到目的地是客运站工作的一项重要任务。行李运输是伴随旅客运输而产生的，包裹运输是工、农业生产和人民生活需要由旅客列车运输的零星物资。行李运输由于托运人和收货人比较分散，批数较多，每批件数少、体积小，行李基本上是随来随运，包裹则要求事先提出托运单。客运站的行包运输工作分为发送作业、到达作业和中转作业。

（1）发送作业

行包发送作业包括承运→保管→装车作业，一环紧扣一环，不可分割，否则将影响行包运输的输送速度和质量。

（2）到达作业

行包到达作业包括卸车→保管→交付作业。

（3）中转作业

中转作业是指行包在中转站卸下后，装入另外的旅客列车行李车继续运送的作业。

4. 客运站服务工作

按照服务性质不同，铁路客运站服务工作可以分为运输生产性服务和非运输生产性服务。运输生产性服务是指与运输生产密切相关的旅客服务，如售票、旅客乘降组织、行包运输等，是运输产品的重要组成部分；非运输生产性服务是指附着在运输生产过程中的商业服务需求，如候车、商品、餐饮、寄存、搬运行李、信息服务等，是运输产品的延伸部分。

二、旅客列车乘务工作组织（Crew Work Organization of Passenger Train）

铁路旅客运输生产是以列车运行方式完成的，旅客的旅行生活大部分时间在列车上度过。因此，列车乘务工作组织是旅客运输的核心工作之一。列车乘务工作组织包括对乘务人员（train crew）、物资的配置、乘务计划（crew plan）的编制以及乘务服务、业务工作流程设计的管理等内容。乘务工作组织水平的高低关系到客运生产效率和效益，并直接影响客运服务质量、铁路客运企业的形象及市场竞争力等。同时，做好铁路旅客列车乘务工作，对保障旅客安全、便利、舒适旅行具有重要意义。

1. 铁路旅客列车乘务管理概况

铁路旅客列车乘务组工作的主要特点是：工作环境处于列车动态运行中的封闭状态，面对具有多元化旅行需求的旅客，要从限定的设备条件和时间内，从实际出发，及时解决旅客提出的要求并处理临时发生的各种问题。

旅客列车乘务组的主要任务是：保证旅客上下车及旅途中的安全，及时为旅客安排座席、铺位，保持列车内整洁、卫生，维护车内秩序，做好服务工作，保证行李、包裹安全、准确地到达目的地，充分掌握车内旅客数量及行包数量和去向，及时办理客流信息传报、正确执行规章制度，维护铁路正当收入，做好餐饮供应及文化服务工作，充分发挥列车各种设备效能，爱护车辆设备。

旅客列车乘务组由客运、车辆和公安等部门的人员共同组成，包括客运段的列车长、列车员、列车行李员、广播员、餐饮供应工作人员，以及车辆段的检车员、车电员和乘警等，在旅客列车上共同担当乘务工作。

2. 乘务组织制度

为保证旅客列车安全，旅客列车乘务组实行固定班组制。旅客列车的乘务组织形式有包乘制（responsible crew system）和轮乘制（crew shifting system）两种。

（1）包乘制

包乘制是指按列车行驶区段和车次由固定的列车乘务组包乘。根据车底使用情况不同，可分为包车底制和包车次制。

① 包车底制是指乘务组不仅固定区段、车次，而且固定包乘某一组车底。这种形式有利于加强车辆设备和备品的管理，乘务人员熟悉沿途情况和旅客乘降规律，能更好地安排自己的工作，有利于提高服务质量。缺点是长途旅客列车需加挂乘务员休息车，乘务员工时一般难以保证。目前在执行包车底制工时不足时，采用乘务员套跑短途列车或长途车底套跑短途列车的方法，这样既可节省车底，又可弥补乘务员工时的不足。

② 包车次制是指一个车次（通常叫线路）由几个乘务组包干值乘，但不包车底。其优点是便于管理，有利于提高服务质量。缺点是交接手续复杂，不利于车底保养。

（2）轮乘制

轮乘制是指在旅客列车密度大，且列车种类和编组又基本相同的区段，为了紧凑组织乘务交路和班次，采用乘务组按出乘顺序，轮流担当乘务工作的制度，并可互相套用。其优点是不需加挂乘务员休息车，乘务员对线路、客流等情况熟悉，联系工作方便。缺点是交接频繁，不利于车辆保养和服务设施维护。

动车组司机、列车员、客车检车员（随车机械师）原则上采用轮乘制，根据交路设计，科学确定换乘方式。实行综合计算工时制度，月平均工作时间按国家规定的标准执行。

3. 乘务计划

乘务计划是根据给定的列车运行图、乘务规则、车站属性等前提条件编制的，对乘务组的出乘时间及地点、担当车次、退乘时间及地点等作出具体安排，以确保列车运行计划的实现。列车运行图给定了必须完成的乘务任务，乘务规则限定了乘务员工作的时间，车站属性表明车站是否是乘务基地以及能否进行乘务员换乘。

专业词汇汉英对照（Glossary）

专业词汇	拼音	英文
旅客	lǚkè	passenger
旅客列车	lǚkè lièchē	passenger train
铁路旅客运输	tiělù lǚkè yùnshū	railway passenger transport
行李	xíngli	luggage
包裹	bāoguǒ	package
邮件	yóujiàn	mail
售票	shòupiào	sell tickets
无形产品	wúxíng chǎnpǐn	intangible products
核心产品	héxīn chǎnpǐn	core products
空间位移	kōngjiān wèiyí	spatial displacement
波动性	bōdòngxìng	volatility
技术设备	jìshù shèbèi	technology equipment
能力	nénglì	capacity
车辆	chēliàng	wagon
峰值期	fēngzhíqī	peak period
站舍	zhànshě	station building
客运乘务组	kèyùn chéngwùzǔ	passenger service crew
编成辆数	biānchéng liàngshù	number of wagons
编组结构	biānzǔ jiégòu	formulation structure
编挂顺序	biānguà shùnxù	formulation order
时刻表	shíkèbiǎo	timetable
日期	rìqī	date
车次	chēcì	train number
席别	xíbié	seat
到站	dàozhàn	destination
换乘	huànchéng	transfer
等级	děngjí	level

续表

专业词汇	拼音	英文
基础设施	jīchǔ shèshī	infrastructure
国家属性	guójiā shǔxìng	national attributes
应急救灾	yìngjí jiùzāi	emergency rescue
“一带一路”倡议	yīdàiyīlù chàngyì	the Belt and Road Initiative
公共交通	gōnggòng jiāotōng	public transit
技术经济优势	jìshù jīngjì yōushì	technical and economic advantages
安全性	ānquánxìng	safety
事故率	shìgùlǜ	accident rate
快捷	kuàijié	rapidity
可达性	kědáxìng	accessibility
土地利用率	tǔdì lìyònglǜ	land utilization rate
周转量	zhōuzhuǎnliàng	turnover
成本	chéngběn	cost
固定资产折旧	gùdìngzīchǎn zhéjiù	fixed assets depreciation
发展趋势	fāzhǎn qūshì	development trend
客货分线	kèhuò fēnxiàn	separated line between passenger and freight transportation
智能化	zhìnénghuà	intelligent
旅客在途时间	lǚkè zàitú shíjiān	passenger traveling time
运营里程	yùnyíng lǐchéng	operating mileage
竞争力	jìngzhēnglì	competitiveness
干线	gànxiàn	trunk
间隔	jiàngé	interval
多样化	duōyànghuà	diversify
个性化	gèxìnghuà	personality
占有率	zhànyǒulǜ	occupation rate
城际	chéngjì	intercity
市郊铁路	shìjiāo tiělù	suburban railway
运营	yùnyíng	operation

续表

专业词汇	拼音	英文
调度	diàodù	dispatch
列车行车控制	lièchē xíngchē kòngzhì	train operation control
运输需求	yùnshū xūqiú	transport demand
运输产品	yùnshū chǎnpǐn	transport products
单位	dānwèi	unit
差异化	chāyìhuà	differentiation
层次化	céngcìhuà	hierarchy
服务对象	fúwù duìxiàng	service object
旅行需求	lǚxíng xūqiú	travel demand
支付能力	zhīfù nénglì	ability to pay
自然属性	zìrán shǔxìng	natural quality
出行目的	chūxíng mùdì	travel purpose
出行距离	chūxíng jùlí	travel distance
出行时间	chūxíng shíjiān	travel time
市场调查	shìchǎng diàochá	market investigation
运输供给	yùnshū gōngjǐ	transport supply
流量	liúliàng	flow quantity
流向	liúxiàng	flow direction
运程	yùnchéng	transport distance
运速	yùnsù	transport speed
运时	yùnshí	transport time
运价	yùnjià	transport price
生产性需求	shēngchǎnxìng xūqiú	productive demand
生活性需求	shēnghuóxìng xūqiú	living demand
城镇化	chéngzhènhuà	urbanization
替代性	tìdàixìng	substitution
客运量	kèyùnliàng	passenger volume
诱发运量	yòufā yùnliàng	induced volume
需求结构	xūqiú jiégòu	demand structure

续表

专业词汇	拼音	英文
客流属性	kèliú shǔxìng	passenger flow attributes
出行意愿	chūxíng yìyuàn	travel intention
客流计划	kèliú jìhuà	passenger flow plan
市场营销策略	shìchǎng yíngxiāo cèlüè	marketing strategy
旅客运输计划	lǚkè yùnshū jìhuà	passenger transport plan
长远计划	chángyuǎn jìhuà	long-term plan
年度计划	niándù jìhuà	annual plan
日常计划	rìcháng jìhuà	daily plan
指标	zhǐbiāo	index
旅客发送量	lǚkè fāsòngliàng	passenger dispatching volume
行程	xíngchéng	travel distance
周转量	zhōuzhuǎnliàng	turnover volume
径路	jìnglù	route
直通客流	zhítōng kèliú	through passenger flow
管内客流	guǎnnèi kèliú	local passenger flow
客流月	kèliúyuè	passenger flow month
客流区段	kèliú qūduàn	passenger flow section
客流图	kèliútú	passenger flow diagram
旅客列车	lǚkè lièchē	passenger train
列车编组	lièchē biānzǔ	train formation
旅行速度	lǚxíng sùdù	travel speed
车次	chēcì	train number
动车组	dòngchēzǔ	electric multiple unit
动车	dòngchē	powered car
拖车	tuōchē	trailer car
折返	zhéfǎn	turn back
制动	zhìdòng	braking
动力集中型	dònglì jízhōngxíng	power concentrated
动力分散型	dònglì fēnsànxíng	power separated

续表

专业词汇	拼音	英文
开行方案	kāixíng fāngàn	operation plan
列车运行图	lièchē yùnxíngtú	train diagram
列车运行计划	lièchē yùnxíng jìhuà	train operation plan
等级	děngjí	level
种类	zhǒnglèi	type
起讫点	qǐqìdiǎn	origin and destination
数量	shùliàng	quantity
经由线路	jīngyóu xiànlù	route
编组内容	biānzǔ nèiróng	formulation composition
停站方案	tíngzhàn fāngàn	stop schedule plan
列车席位利用	lièchē xíwèi lìyòng	utilization of train seats
车底运用	chēdǐ yùnyòng	rolling stock scheduling
直通旅客列车	zhítōng lǚkè lièchē	through passenger train
管内旅客列车	guǎnnèi lǚkè lièchē	local passenger train
区段	qūduàn	district
区间	qūjiān	section
运行时分	yùnxíng shífēn	running time
机车交路	jīchē jiāolù	locomotive routing
基本图	jīběntú	fundamental diagram
分号图	fēnhàotú	semicolon diagram
车底周转图	chēdǐ zhōuzhuǎntú	train turnround diagram
周转时间	zhōuzhuǎn shíjiān	turnover time
配属站	pèishǔzhàn	allocation station
折返站	zhéfǎnzhàn	turn back station
客运站	kèyùnzhàn	passenger station
自动售票机	zìdòng shòupiàojī	ticket vending machine
网络售票	wǎngluò shòupiào	online ticket sales
旅客乘降	lǚkè chéngjiàng	passenger boarding and alighting
行包运输	xíngbāo yùnshū	luggage and package transportation

续表

专业词汇	拼音	英文
乘务人员	chéngwù rényuán	train crew
乘务计划	chéngwù jìhuà	crew plan
包乘制	bāochéngzhì	responsible crew system
轮乘制	lúnchéngzhì	crew shifting system

思 考 题 (Questions)

1. 铁路旅客运输有哪些特点？
2. 铁路旅客运输的发展趋势有哪些？
3. 铁路旅客运输产品的层次有哪些？
4. 铁路旅客运输产品的质量特征有哪些？
5. 铁路旅客运输需求要素有哪些？
6. 铁路旅客运输需求影响因素有哪些？
7. 铁路旅客运输计划有哪些？
8. 铁路客流计划编制要素有哪些？
9. 铁路旅客列车种类有哪些？
10. 动车组的特点有哪些？
11. 动车组的分类有哪些？
12. 什么是旅客列车开行方案？
13. 什么是旅客列车运行图？
14. 铁路售票方式有哪些？
15. 简单举例说明，客运站服务工作有哪些？
16. 乘务制度有哪几种？

拓展阅读 (Extensive Reading)

阅读材料 1——八纵八横

(1) “八纵”通道

① 沿海通道。大连（丹东）—秦皇岛—天津—东营—潍坊—青岛（烟台）—连云港—盐城—南通—上海—宁波—福州—厦门—深圳—湛江—北海（防城港）高速铁路（其中青岛至盐城段利用青连、连盐铁路，南通至上海段

利用沪通铁路)，连接东部沿海地区，贯通京津冀、辽中南、山东半岛、东陇海、长三角、海峡西岸、珠三角、北部湾等城市群。

② 京沪通道。北京—天津—济南—南京—上海（杭州）高速铁路，包括南京—杭州、蚌埠—合肥—杭州高速铁路，同时通过北京—天津—东营—潍坊—临沂—淮安—扬州—南通—上海高速铁路，连接华北、华东地区，贯通京津冀、长三角等城市群。

③ 京港（台）通道。北京—衡水—菏泽—商丘—阜阳—合肥（黄冈）—九江—南昌—赣州—深圳—香港（九龙）高速铁路；另一支线为合肥—福州—台北高速铁路，包括南昌—福州（莆田）铁路，连接华北、华中、华东、华南地区，贯通京津冀、长江中游、海峡西岸、珠三角等城市群。

④ 京哈—京港澳通道。哈尔滨—长春—沈阳—北京—石家庄—郑州—武汉—长沙—广州—深圳—香港高速铁路，包括广州—珠海—澳门高速铁路，连接东北、华北、华中、华南、港澳地区，贯通哈长、辽中南、京津冀、中原、长江中游、珠三角等城市群。

⑤ 呼南通道。呼和浩特—大同—太原—郑州—襄阳—常德—益阳—邵阳—永州—桂林—南宁高速铁路，连接华北、中原、华中、华南地区，贯通呼包鄂榆、山西中部、中原、长江中游、北部湾等城市群。

⑥ 京昆通道。北京—石家庄—太原—西安—成都（重庆）—昆明高速铁路，包括北京—张家口—大同—太原高速铁路，连接华北、西北、西南地区，贯通京津冀、太原、关中平原、成渝、滇中等城市群。

⑦ 包（银）海通道。包头—延安—西安—重庆—贵阳—南宁—湛江—海口（三亚）高速铁路，包括银川—西安以及海南环岛高速铁路，连接西北、西南、华南地区，贯通呼包鄂、宁夏沿黄、关中平原、成渝、黔中、北部湾等城市群。

⑧ 兰（西）广通道。兰州（西宁）—成都（重庆）—贵阳—广州高速铁路，连接西北、西南、华南地区，贯通兰西、成渝、黔中、珠三角等城市群。

（2）“八横”通道

① 绥满通道。绥芬河—牡丹江—哈尔滨—齐齐哈尔—海拉尔—满洲里高速铁路，连接黑龙江及蒙东地区。

② 京兰通道。北京—呼和浩特—银川—兰州高速铁路，连接华北、西北地区，贯通京津冀、呼包鄂、宁夏沿黄、兰西等城市群。

③ 青银通道。青岛—济南—石家庄—太原—银川高速铁路（其中绥德至银川段利用太中银铁路)，连接华东、华北、西北地区，贯通山东半岛、京津冀、太原、宁夏沿黄等城市群。

④ 陆桥通道。连云港—徐州—郑州—西安—兰州—西宁—乌鲁木齐高速铁路，连接华东、华中、西北地区，贯通东陇海、中原、关中平原、兰西、天山北坡等城市群。

⑤ 沿江通道。上海—南京—合肥—武汉—重庆—成都高速铁路，包括南京—安庆—九江—武汉—宜昌—重庆、万州—达州—遂宁—成都高速铁路（其中成都至遂宁段利用达成铁路），连接华东、华中、西南地区，贯通长三角、长江中游、成渝等城市群。

⑥ 沪昆通道。上海—杭州—南昌—长沙—贵阳—昆明高速铁路，连接华东、华中、西南地区，贯通长三角、长江中游、黔中、滇中等城市群。

⑦ 厦渝通道。厦门—龙岩—赣州—长沙—常德—张家界—黔江—重庆高速铁路（其中厦门至赣州段利用龙厦铁路、赣龙铁路，常德至黔江段利用黔张常铁路），连接海峡西岸、中南、西南地区，贯通海峡西岸、长江中游、成渝等城市群。

⑧ 广昆通道。广州—南宁—昆明高速铁路，连接华南、西南地区，贯通珠三角、北部湾、滇中等城市群。

阅读材料2——中国典型动车组

在中国铁路建设的发展中，随着速度的不断提高和社会经济建设的需要，逐步发展了高速列车，继而出现了动车组并不断发展完善，在动车组发展历程中，形成了CRH系列和复兴号动车组等典型动车组。

CRH1动车组：由8辆车组成（5M+3T）。编组共设2辆一等车和6辆二等车，定员多，车门大，方便乘客快速上下车，特别适合城际铁路短途运输。

CRH2动车组：由8辆车组成（4M+4T和6M+2T两种），动车组车体结构主要是以中空型材为主构成的双壳结构车体，可以改善车辆的舒适性，车体采用铝合金材料。

CRH3动车组：除运营速度较高外，还具有良好的乘坐舒适度，明净、宽松、通透的车内环境，8辆编组（4M+4T），转向架采用了高性能空气弹簧和减振器的减振装置，同时还采用了空心车轴、轻量化构架等新技术。

CRH5动车组：在大雪寒冷的天气条件下，仍可高速运行，8辆编组（5M+3T），采用了多种新技术。为了防寒、防雪，车头的挡风玻璃是电加热的，车头还设有底架防雪保护。

CRH380系列电力动车组：分CRH380A、CRH380B（BL）、CRH380C、CRH380D等型号。是我国自主研发的CRH（中国铁路高速列车）系列高速电力动车组，是中国标准动车组（复兴号）问世以前世界上商业运营速度最快、科技含量最高、系统匹配最优的动车组，持续时速 350km，最高时速 380km 以上。2011 年 1 月 9 日，采用特殊试验编组（8M＋4T）的 CRH380BL 动车组，在京沪高速铁路徐州至蚌埠段的运行试验过程中，创造了 487.3km/h 的世界铁路运营线路最高试验速度。

复兴号动车组列车：是中国标准动车组的中文命名，由国铁集团牵头组织，具有完全自主知识产权、达到世界先进水平的动车组列车。英文代号为 CR，列车水平高于 CRH 系列。三个级别为 CR400/300/200，数字表示最高时速，而持续时速分别对应 350km、250km 和 160km，适用于高速铁路、快速铁路、城际铁路。早期的两个型号是红神龙 CR400AF 和金凤凰 CR400BF。复兴号 CR400 系列最高时速 400km、标准时速 350km。

阅读材料 3——中国铁路旅客列车类型

旅客列车指以客车编组的，为运送旅客、行李、包裹、邮件的列车。对不同的客流和不同的线路设备条件需开行不同等级的列车。目前根据其运行速度、运行范围、设备配置、列车等级及作业特征等基本条件的不同，中国旅客列车主要分为 13 类。

1. 高速动车组旅客列车

高速动车组旅客列车指运行于时速 250km 及以上高速铁路线上的动车组列车，列车开行最高速度达到 250～350km/h，主要安排在客流较大的城市所在站始发、终到，实现大城市间旅客快捷运输。

2. 城际动车组旅客列车

城际动车组旅客列车指在城际高速铁路上运行，以“公交化”模式组织的短途旅客列车。列车开行最高速度达到 250～350km/h。

3. 动车组旅客列车

动车组旅客列车是指运行于既有铁路线和高速铁路的动车组列车，列车开行最高速度达到 200～250km/h，主要安排在客流较大的城市所在站始发、终到，实现大城市间旅客快捷运输。

4. 直达特快旅客列车

直达特快旅客列车由始发站开出后，沿途不设停车站，即（一站）直达终到站的超特快旅客列车。列车运行在普速铁路线上，开行最高速度达到 160km/h，主要安排在客流较大的城市所在站始发、终到，实现大城市间旅客快捷运输。

5. 特快旅客列车

特快旅客列车是目前中国既有线铁路上运行速度较快的旅客列车，区间运行速度常达到 140km/h。特快旅客列车有国际和国内两种特快旅客列车，国内特快又分为跨局特快和管内特快。

6. 快速旅客列车

快速旅客列车在既有铁路线上运行，其区间运行速度一般为 120km/h。快速旅客列车分跨局运行及局管内运行两种类型。

7. 普通旅客列车

普通旅客列车可分为普通旅客快车、普通旅客慢车。普通旅客快车的区间运行速度一般在 120km/h 以下，列车编组辆数和停站次数较多，运行于各大中城市之间；普通旅客慢车速度较低、编组数量多、定员多、在营业站具有停点，用于输送沿线中间站的客流。普通旅客列车又可分为直通和管内的普通旅客列车。

8. 通勤列车

为方便沿线铁路职工上、下班（就医、子女上学）而开行的旅客列车。

9. 临时旅客列车

依据客流的需求或特殊需求（救灾），临时增开的旅客列车，例如在春运、暑运等节假日期间，铁路会在不同时段和线路上适时开行大量的直通或管内的临时旅客列车。

10. 旅游列车

依据旅游客流的需求，在大中城市和名胜古迹、游览胜地所在站之间不定期开行的旅客列车，用于运输旅游观光旅客。旅游列车的速度、服务和设备都优于普通旅客列车。

11. 回送出、入厂客车底列车

依据客车车辆检修等要求，运行于列车配属地与客车车辆厂之间的旅客列车。不办理客运业务。

12. 回送图定客车底列车

依据客车车底周转的需要，回送空客车底的旅客列车。一般不办理客运业务。

13. 因故折返旅客列车

如遇洪水、塌方、泥石流等自然灾害的侵袭或发生重大、特大事故而导致铁路中断行车，迫使其折返运行的旅客列车。

为使铁路客运面向市场，适应客运市场的变化，需要根据客流变化和不同层次旅客的需求，开行不同档次的旅客列车，使列车种类多样化。除上述列车外，根据旅客旅行需求的多元化还可能出现更多新的旅客列车种类。

阅读材料4——铁路12306

“铁路12306”是中国铁路客户服务中心推出的官方手机购票应用软件，与火车票务官方网站共享用户、订单和票额等信息，并使用统一的购票业务规则，软件具有车票预订、在线支付、改签、退票、订单查询、常用联系人管理、个人资料修改、密码修改等功能（图1-9）。

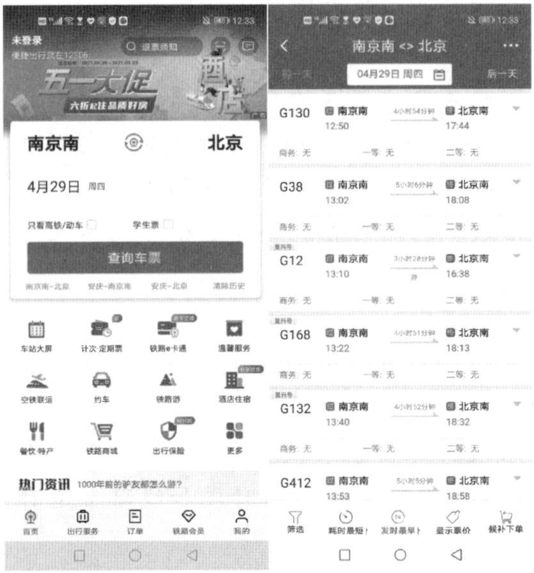

图1-9　“铁路12306”应用界面

“铁路12306”除提供购票及票务查询功能外，还新增设了“铁路资讯”“自助服务”“平台联盟”三项菜单功能。“铁路资讯”发布及时权威的新闻及客货运输通知公告；“自助服务”提供社会公众最常用的客运自助查询服务；“平台联盟”则打通了铁路总公司其他新媒体服务渠道入口，一键直达“中国铁路”人民、新华、新浪、腾讯4个官方微博和全国18个铁路局官方新媒体渠道。

“铁路12306”主要功能分为三个方面：出行服务、出行向导、温馨服务。其中出行服务涵盖了日常生活的食、住、行三项。食，可以预定车次途径站点周围签约商家的餐饮，选择车上用餐与到店自取。住，可以在App上预订各地的酒店宾馆。行包含了汽车票售卖、网约车服务、空铁联运、雪具快运、铁路游以及乘意险服务。行，即出行向导，包含了列车正晚点查询、代售点查询、列车状态查询、票价查询等服务。温馨服务包括遗失物品查找、重点旅客预约等服务，方便了有特殊需求旅客的进站及乘车。

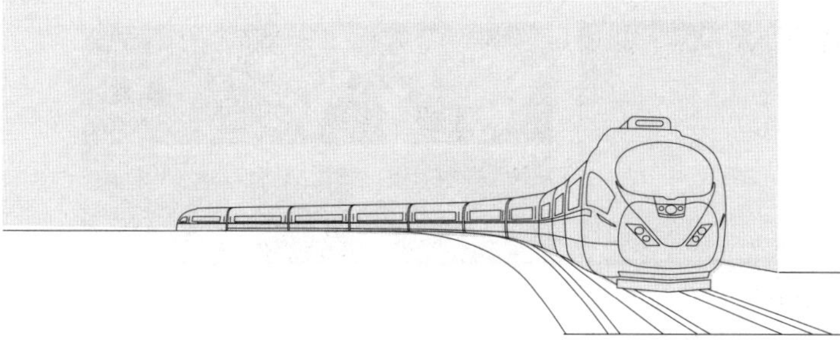

第 二 章

铁路货物运输

Railway Freight Transport

第一节 铁路货物运输基本条件
(Basic Conditions of Railway Freight Transport)

一、铁路货物种类 (Type of Railway Freight/Goods)

铁路运输货物（freight/goods）的分类可以依照货物的性质、货物的密度（density）、货物运输跨及的地域范围、货物运输条件（freight transport condition）、批量大小、货物价值（value）、货物包装形式（packing patterns of goods）、货物投保方式和货主性质分为 9 类。

其中，中国铁路将货物分为 26 类，分别为：煤、石油、焦炭、金属矿石、钢铁及有色金属、非金属矿石、磷矿石、矿物性建筑材料、水泥、木材、粮食、棉花、化肥及农药、化工品、金属制品、工业机械、电子电气机械、农业机具、鲜活货物、农副产品、饮食品及烟草制品、纺织品和皮革、毛皮及其制品、纸及文教用品、医药品、其他货物。除此之外，为了掌握运输生产情况，便于编制运输计划和进行运输统计，还另外设有零担和集装箱两个品类，共 28 大类。

（1）根据货物的密度分为：重质货物（heavy goods）和轻浮（泡）货物（light and bulky goods），如图 2-1 所示。

（2）根据货物运输跨及的地域范围分为：国内运输的货物、国际运输的货物。

（3）根据货物的运输条件分为：普通货物（general goods）、按特殊条件（special condition）办理的货物。

(a) 重质货物　　(b) 轻浮(泡)货物

图 2-1　重质货物与轻浮（泡）货物

（4）根据货物的批量大小分为：大宗货物（mass goods）、中等批量货物、零星货物。

（5）根据货物的价值分为：贵重货物（valuable goods）、一般货物、低值货物（low-value goods）。

（6）根据货物的包装形式分为：成件包装货物（packaged goods）、集装件货物、散堆装货物（bulk goods），如图 2-2 所示。

图 2-2　成件包装货物和散堆装货物

（7）根据货物的投保方式分为：参加运输保险的货物、参加保价运输的货物、既未保险又未保价的货物。

（8）根据货主的性质分为：单位货物、个人货物。

二、货物运输的种类（Type of Railway Freight Transport）

货物运输的种类依照货物的运输组织方法、货物的运输距离、货物的运输条件、货物对运输速度的要求和货物运输跨及的地域范围等分为五类。

（1）根据货物的运输组织方法分为：整批（车）运输、零担运输（less than truck load transport）、集装运输（containerized transport）。

（2）根据货物的运输距离分为：长途货物运输、中途货物运输、短途货物运输。

（3）根据货物的运输条件分为：普通货物运输、按特殊条件办理的货物运输。

（4）根据货物对运输速度的要求分为：快速货物运输（fast goods transport）、普通货物运输。

（5）根据货物运输跨及的地域范围分为：国内货物运输（domestic goods transport）、国际货物运输（international goods transport）。

三、货物按“一批”办理的条件（Handling Condition of One Consignment Freight）

铁路负责运输的货物，都是按“批”办理相应的受理、承运、交付以及运输变更（transport modification）等作业。因此，按“批”办理是铁路货物运输的基本条件。

铁路货物运输中的“一批”货物（one consignment goods），是指使用一张货物运单和一份货票，按照同一运输条件运送的货物，它是承运货物、计算运费和交付货物的一个基本单位。

按“批”托运的货物，托运人、收货人、发站、到站和装卸地点必须相同（整车分卸货物除外）。

整车货物以每车为一批；跨装（straddling of goods on two or more cars）、爬装（climbing one on another）及使用游车（traveling car）的货物，每一车组为一批。大宗货物循环列车可以每一列车为一批。

零担货物或使用集装箱运输的货物，以每张货物运单为一批。使用集装箱运输的货物每批必须为同一箱型，至少一箱，最多不得超过铁路一辆货车所能装运的箱数。

第二节 铁路货运设备与设施
(Equipment and Facilities of Railway Freight Transport)

铁路货物运输需要货物运输的设备（equipment）与设施（facilities）作为支撑，在货物运输中主要涉及运输途中的铁路货物运输车辆（transportation wagon）和货运站（freight station）的站台（platform）、仓库（warehouse）、装卸机械（handling machinery）和安全检测监控系统（safety detection and monitoring system）等设备和基础设施，利用这些设备和设施能够完成货物运输任务，保障铁路货物运输安全、准确、及时。

铁路货车是运载货物、完成铁路货物运输任务的运载工具，是铁路运输的重要设备。在铁路上必须经常保持数量足够和质量良好的车辆，才能满足中国国民经济高速发展的需要。铁路货物运输所涉及的货物种类繁多，其性质不同，运送中的要求也不一样。

为了适应货物运输的需要，装运货物的车辆分为不同的类型。按用途不同，货车可分为通用货车（general freight wagon）、专用货车（specific freight wagon）和特种货车（special freight wagon），其中特种货车主要为具有某种专门用途或者是特殊用途（例如：架桥机械车、铺轨车等）的货车。按载重量不同，货车可分为 60t、70t、80t、90t 等多种。

一、通用货车（General Freight Wagon）

铁路通用货车是为了适应日常的货物运输需求、满足大部分货物的装载和运输的车辆。随着铁路运输行业的不断发展，其种类和功能已基本定型，通用货车一般有棚车、敞车和平车。

1. 棚车（Covered Wagon）

棚车是指有顶棚、侧墙、端墙、地板和车窗的铁路货车，如图 2-3 所示。棚车可防止雨水浸入车内，主要用于装运贵重器材及怕日晒、怕潮湿的货物，如各种粮谷、日用工业品及贵重仪器设备等。有的棚车可在车内安装火炉、烟囱、床板等，必要时可以运送人员和牲畜。目前全路棚车约占货车总数的 20%。

图 2-3　铁路棚车

2. 敞车（Gondola Wagon）

敞车是指具有端墙、侧墙、地板而无车顶的货车，主要供运送煤炭、矿石、矿建物资、木材、钢材等大宗货物用，也可用来运送质量不大的机械设备，如图 2-4所示。若在所装运的货物上蒙盖防水帆布或其他遮篷物后，可代替棚车承运怕雨淋的货物。因此敞车具有很大的通用性，在货车组成中数量最多，目前全路敞车占货车总数的 60%以上。主型敞车有 C_{61}、C_{62}、C_{62A}、C_{62B}、C_{64K}、C_{70}、C_{70B}、C_{70H}以及主要在大秦线上使用的 C_{76H}、C_{80}等。

敞车按卸货（unloading）方式不同可分为两类：一类是适合于人工或卸车机作业的通用敞车，其特点是端墙高在 0.8m 以上，车体两侧开有侧门，有的还设置底开门，以便煤炭或沙石等散粒货物自流卸出；另一类是只适用于大型工矿企业、站场、码头之间成列固定编组运输，用翻车机卸货的专用敞车，对装卸地点固定的散装货物，还可采用漏斗车或自翻车。

图 2-4　铁路敞车

3. 平车（Flat Wagon）

大部分平车车体为一平板，主要用于运送钢材、木材、汽车、机械设备等体积或质量较大的货物，也可借助集装箱装运其他货物，如图 2-5 所示。有的平车装有活动墙板，这种平车也可用来装运矿石、沙土、石碴等散粒货物。中国自行设计和制造了多种平车，从结构上来分，主要有平板式和带活动墙板式两种，车型主要有 N_{16} 和 N_{17} 等 60t 级平车和 NX_{70}、NX_{70H}、NX_{70A} 等 70t 级平车。

图 2-5　铁路平车

二、专用货车（Specific Freight Wagon）

1. 罐车（Tank Wagon）

罐车车体为一圆筒形，主要用于装载各种液体、液化气体和粉末状货物的专用车辆，如图 2-6 所示。罐车按用途可分为轻油类罐车、黏油类罐车、酸碱类罐车、液化气体类和粉状货物罐车。按结构特点可分为有空气包、无空气包罐车，有底架、无底架罐车，上卸式和下卸式罐车等。

2. 长大货物车（Heavy-duty Wagon）

长大货物车主要用来装运体积庞大而又笨重的货物，或体积虽小但质量很大的货物（如大型机床、发电机及汽轮机转子、大型变压器等设备），如图 2-7 所示。长大货物车按结构形式可分为长大平车、凹底平车（depressed center flat wagon）（或称元宝车）、落下孔车和钳夹车等。由于这些车的载重及自重大，为适应线路允许的轴重要求，车轴数较多。

图 2-6 铁路罐车

图 2-7 凹底平车

3. 冷藏车（Refrigerated Wagon）

冷藏车的车体外形与棚车相似，但车体外表涂成银灰色，以利于阳光的反射，减少太阳辐射热，如图 2-8 所示。冷藏车主要用于运送鱼、肉、水果、蔬菜等易腐货物。这类货物在运送过程中需要保持一定的温度、湿度和通风条件，因此冷藏车的车体装有隔热材料，车内设有冷却装置、加温装置、测温装置和通风装置等，具有制冷、保温和加温三种性能。

图 2-8 铁路冷藏车

第三节　铁路货场（Railway Freight Yard）

一、货场 (Freight Yard)

铁路货场（railway freight yard）是车站办理货运作业的基本场所，是车站的一个生产车间（production workshop），也是铁路与其他运输工具相衔接的场所。货场是铁路货物运输生产过程起始和终止的地点，是货物运输不可缺少的作业场地。铁路货场又是铁路与托运人（consignor）、收货人（consignee）直接办理运输业务的窗口，是铁路与其他运输方式进行换装转运（transshipment）和办理联运业务（intermodal business）的地方。

货场的作用及分类：

（1）货场的作用

铁路货场的作用可以概括为：

① 代表铁路与发、收货人及其他运输部门签订、执行运输合同，并负责运杂费的核收以及履行合同所产生费用的清算。

② 开展铁路货物运输有关技术业务方面的咨询服务，比如运输包装（transport packaging）的改进，危险货物（dangerous goods）、超长和笨重货物（long and bulky goods）运输条件和装运方案的选择。通过技术业务咨询服务既可提高货物运输质量，又为物资部门提供了有益的运输指导。

③ 负责货物的受理、承运和装车（acceptance，carriage and loading）等发送作业。货物发送作业是运输的第一个生产环节，其作业质量既直接影响货物运输的安全，又关系到货物运输的效率。

④ 担负货物运输途中的换装、整理作业。特别是在港口站（port station）、国境联轨站（border station）、不同运输方式的换装站，这些作业往往是这类车站货场的主要作业。

⑤ 负责货物的到达、卸车和交付（arrival，unloading and delivery）作业。保证货物及时卸车和交付，在大城市货运站的作业中占有首要地位。

⑥ 负责货物装运前和到达后在货场内的安全保管（safekeeping），所以铁路货场应有一定数量的仓储和防护设备。

⑦ 开办货物运输的延伸服务。为了方便托运人、收货人和保证货物运输安全，提高运输效率，货场可围绕货物运输开展不同形式的多种服务，如驻站受理、接取送达、代办托运、包装集装等。凡受托运人、收货人欢迎的项目，都是铁路货场可以开办的业务。

（2）货场的分类

为了便于铁路货场的选点、布局和管理，可对铁路货场做如下分类：

① 按办理的货物运输种类及货运业务范围分

a. 综合性货场（general freight yard）

综合性货场指办理整车、零担、集装箱运输和货车洗刷等两种以上作业的货场。综合性货场是数量最大的一种货场。综合性货场根据年办理货运量分为大、中、小型货场：

大型货场，年货运量在 100 万 t 以上。

中型货场，年货运量在 30 万 t 以上不满 100 万 t。

小型货场，年货运量不足 30 万 t。

b. 专业性货场（specialized freight yard）

专业性货场指专门办理单项运输种类或单一货物品类的货场，如整车货场、零担货场、集装箱货场、危险品货场、粗杂品货场等。专业性货场的设置应根据货物性质及业务繁简程度及设备条件等实际情况确定。

② 按办理货运作业的种类分

a. 整车货场——仅办理整车货物作业的货场。

b. 零担货场——仅办理零担货物作业的货场。

c. 集装箱货场——仅办理集装箱货物作业的货场。

d. 整车、零担与集装箱混合货场——既办理整车作业，又办理零担和集装箱货物作业的货场。

二、货场的主要设备（Main Facilities of Freight Yard）

货场的主要设备包括线路、场库设备、装卸机械及其检修设备、检斤设备和量载设备、货场用具等，如图 2-9 所示。

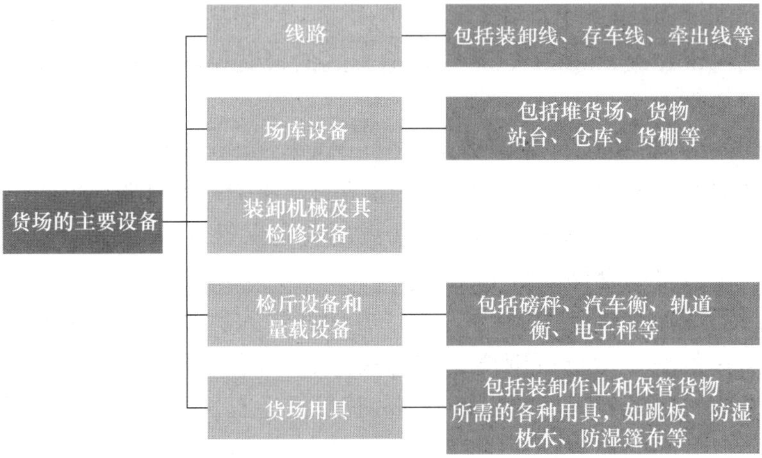

图 2-9 货场装卸主要设备

综合性货场的布置图形基本上可以分为尽端式（stub-type）、通过式（through-type）和混合式（combined-type）3 种类型，如图 2-10 所示。

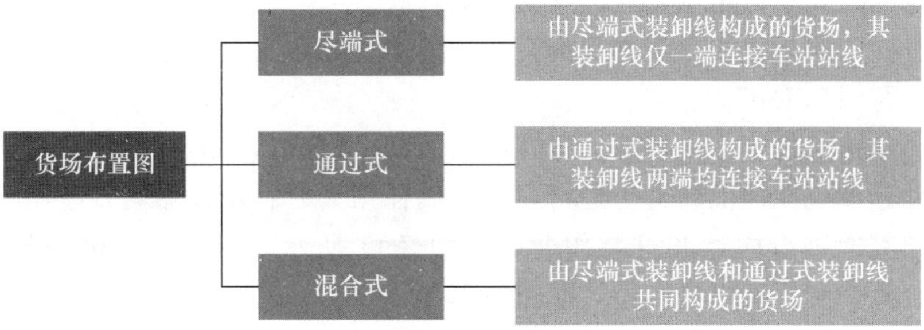

图 2-10 货场布置图

尽端式货场和通过式货场的布置图如图 2-10 所示。货场布置方式应根据货物种类、车流特点、作业量、取送车方式、货运站在枢纽内的位置、货场与车场的相互配置方式和地形条件等因素进行选择。在一般情况下，大中型货场采用尽端式布置比较合适，货运量较小的中间站货场可采用通过式或混合式布置。

第四节 铁路货运装卸机械（Railway Freight Handling Machinery）

装卸作业是在货物运输过程中随同运输而发生的作业。装卸工作是铁路运输工作的重要组成部分，是铁路运输的重要环节，是运输工作的基础。装卸作业（handling operation）质量的好坏，直接影响到铁路运输的效率和效益。

铁路装卸机械（handling machinery）以下简称装卸机械，是铁路运输生产的重要设备，主要包括起重机（crane）、叉车（forklift）、装载机（loader）、正面吊运机（reach stacker）、散堆装货物装卸机械（bulk goods handling machinery）等机械设备。

一、起重机（Crane）

起重机械是指除起升机构外还有水平运动机构的设备。起重机械根据其结构特点可分为桥式和门式两大类型。

1. 桥式起重机（ Bridge Crane）

桥式起重机是桥架在高架轨道上运行的一种起重机，又称天车。桥式起重机的桥架沿敷设在两侧高架上的轨道纵向运行，起重小车可以沿敷设在桥架上的轨道横向运行，构成矩形的工作范围，这样就可以充分利用桥架下面的空间吊运物料，不受地面设备的阻碍。这种起重机目前在新建货场很少使用，但在一些既有货场还能看到。桥式起重机广泛地应用在室内外仓库、厂房、码头和露天储料场等处，可分为普通桥式起重机、简易梁桥式起重机两种。

2. 门式起重机（Gantry Crane）

门式起重机是在固定跨内搬运和装卸物料的机械设备，被广泛应用于车间、仓库或露天场地。其与桥式起重机的区别在桥架部分，它在主梁的两端有两个高大的支撑腿，大车行走车轮就装在支撑腿的底梁上，沿着敷设在地面上的轨道做纵向运行。门式起重机是我国目前在货场内广泛使用的重型起重机。

（1）龙门起重机

龙门起重机是指水平桥架设置在两条支腿上构成门架形状的一种桥架型起重机。这种起重机在地面轨道上运行，主要用在露天贮料场、船坞、电站、港口和铁路货场等地进行搬运和安装作业，如图 2-11 所示。龙门起重机的起升机构、小车运行机构和桥架结构与桥式起重机基本相同。

（2）集装箱门式起重机

集装箱门式起重机适用于集装箱堆场和铁路集装箱中转站的国际标准集装箱的搬运及装卸，如图 2-12 所示，其性能稳定，生产效率高，便于维护保养，具有完善的安全指示和过载保护装置，以最大限度地确保操作人员和设备的安全。集装箱门式起重机分为轮胎式和轨道式两种。轮胎式集装箱门式起重机机动性好，对地面不平度敏感性小。轨道式集装箱门式起重机下部小车可回转，小车整体可过门腿，使作业范围更大，作业方式更灵活。

图 2-11　龙门起重机

图 2-12　集装箱门式起重机

二、叉车（Forklift）

叉车是指对成件托盘货物进行装卸、堆垛和短距离运输作业的轮式搬运车辆。国际标准化组织 ISO/TC110 称其为工业车辆。工业搬运车辆广泛应用于港口、车站、机场、货场、工厂车间、仓库、流通中心和配送中心等，并可进入船舱、车厢和集装箱内进行托盘货物的装卸、搬运作业，是托盘运输（pallet transportation）、集装箱运输必不可少的设备，在铁路货物运输行业中，主要承担成件包装货物的装卸作业，同时也适用于一般的小型集装箱的装卸搬运作业。

叉车通常可以分为两大类：内燃叉车和电动叉车。

（1）内燃叉车

内燃叉车又分为普通内燃叉车（internal combustion forklift）、重型叉车、集装箱叉车和侧面叉车（side forklift），如图 2-13 所示。

图 2-13 内燃叉车

（2）电动叉车

以电动机为动力，蓄电池为能源。承载能力为 1.0～4.8t，作业通道宽度一般为 3.5～5.0m。由于没有污染、噪声小，因此广泛应用于对环境要求较高的工况，如医药、食品等行业。由于每个电池一般在工作约 8h 后需要充电，因此对于多班制的工况需要配备备用电池。

三、装载机（Loader）

装载机是一种广泛用于公路、铁路、建筑、水电、港口、矿山等建设工程的土石方施工机械，主要用于铲装土壤、砂石、石灰、煤炭等散状物料，也可对矿石、硬土等做轻度铲挖作业。换装不同的辅助工作装置还可进行推土、起重和其他物料如木材的装卸作业，如图 2-14 所示。常用的单斗装载机，可按发动机功率、传动形式、行走结构和装载方式的不同分别进行分类。

图 2-14 装载机

四、正面吊运机（Reach Stacker）

正面吊运机是 20 世纪 70 年代中期开发，80 年代末 90 年代初发展起来的集装箱装卸机械，特别适用于中小港口、铁路货运站和公路中转站的集装箱装卸，也可在大型集装箱码头作为辅助设备来使用。随着集装箱工业的蓬勃发展，集装箱正面吊运机以其机动灵活、占用场地小、适于跨箱作业等特点，在集装箱作业中得到越来越广泛的应用，如图 2-15 所示。

图 2-15　集装箱正面吊运机

集装箱正面吊运机是通过改变可伸缩动臂的长度角度，实现集装箱装卸和堆垛作业的工业搬运车辆。集装箱正面吊运机是专门为 20 英尺和 40 英尺国际标准集装箱而设计的，主要用于集装箱的堆码和码头、堆场内的水平运输。与叉车相比，它具有机动灵活、操作方便、稳定性好、轮压较低、堆码层数高、堆场利用率高等优点。它通过安装在伸缩臂架头部的吊具抓起集装箱，由臂架的伸缩、俯仰和吊具的旋转、侧移、倾斜等动作实现对集装箱的装卸和堆码作业，通过轮式底盘实现对集装箱的水平运输，可进行跨箱作业。

五、散堆装货物装卸机械（Bulk Goods Handling Machinery）

散堆装货物装卸机械包括装车机（loading machine）、卸车机（unloading machine）、翻车机（tippler）等。车辆用散堆装货物装卸机械装车时，整列的铁路敞车一般用高架料仓或装车机，非整列的铁路车辆和汽车用单斗装载机和蟹耙式装载机。卸车时，除用底开门车辆外，还有起重机挂抓斗抓料、翻车机卸料和用卸车机从车厢内将物料卸出几种方法。

第五节　铁路货物运输的技术作业
（Technical Operations of Railway Freight Transport）

铁路货物运输的基本作业包括发送作业（dispatch operation）、途中作业（in-transit operation）和到达作业（arrival operation）。无论是整车运输（full wagon transportation）、零担运输、集装箱运输，还是其他特种运输（special transportation），其运输过程的开始和终了都是在车站上办理的。因此，做好车站货运工作，对其加速货物的送达和车辆的周转，都具有十分重要的意义。

一、货物发送作业（Freight Dispatch Operation）

货物在发站所进行的各项货运作业统称为货物的发送作业。主要包括托运（consignment）、受理（acceptance）、进货（arrival of goods）、验收（acceptance check）、制票（waybill making）、承运（accept for carriage）、装车作业（loading operation）等，如图 2-16 所示。

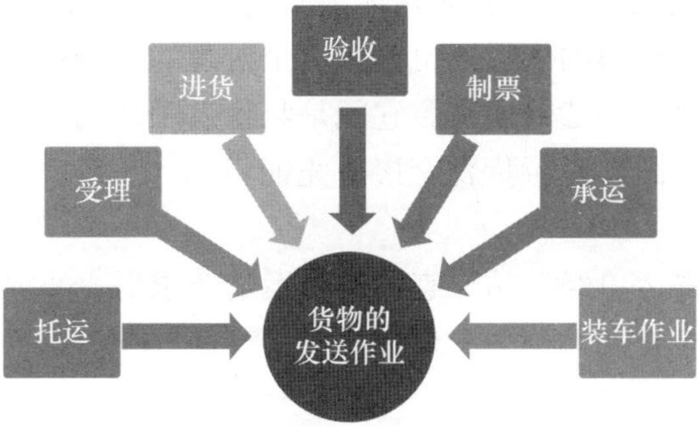

图 2-16　货物发送作业内容

铁路整车货物发送作业流程如图 2-17 所示。

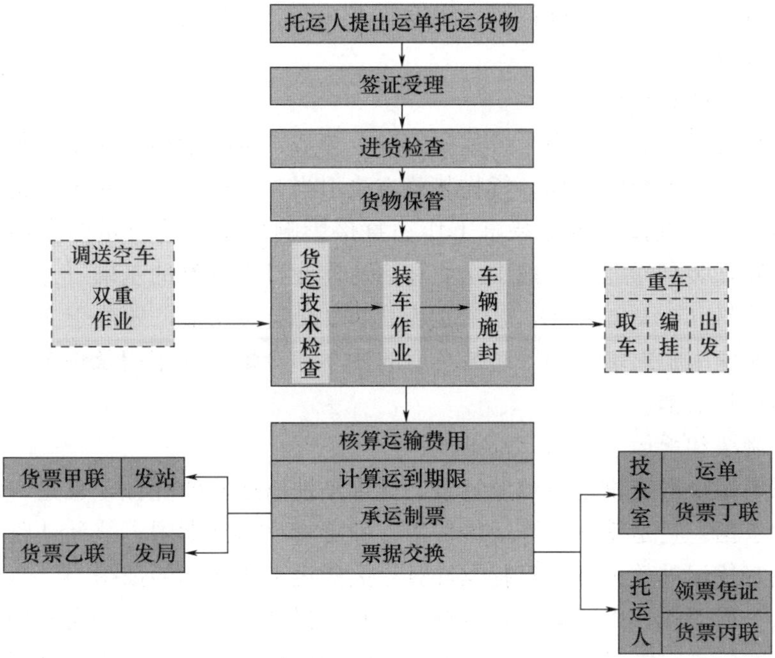

图 2-17　铁路整车货物发送作业流程

零担和集装箱货物的发送作业流程基本与整车相同。

(1) 托运

托运人以货物运单向承运人提出货物运输要求并向承运人交运货物，称为货物的托运。

托运人向承运人交运货物，应向车站按批提出货物运单（waybill）一份。货物运单是托运人和承运人签订的确认运输过程中各方的权利、义务与责任的运输合同。货物运单既是托运人向承运人提出货物托运的申请，又是承运人承运货物、核收运费、填制货票的依据，也是货运全过程的一种运送单证，还是编制记录、备查或处理事故、赔偿的凭据。它既是收货人领货的凭证，也是托运人、承运人、收货人及铁路内部进行货物交接的凭证。

(2) 受理

托运人提出货物运单经车站审查，符合运输要求后，车站在货物运单上签证指定进货日期或装车日期，称为受理。

(3) 进货和验收

托运人凭车站签证后的货物运单，按运单上指定的日期，将货物搬入货场指定的货位，完好地交给承运人的作业，称为进货。

车站在接收托运人搬入车站的货物时，按运单记载对货物品名、件数、运输包装、质量等进行检查，确认符合运输要求并同意货物进入场、库指定货位的作业，称为验收。

(4) 货物的装车作业

装车是货物发送作业中十分重要的一个环节，货物运输的质量在很大程度上取决于装车作业组织的好坏。货物装载方法不当、使用的货车状态不良，往往是造成货运事故的直接原因。装车工作还直接影响货车载重质量的利用效率。因此，认真做好装车作业，为途中作业和到达作业打下良好的基础。

货车施封（wagon seal）是指为保证货物安全与完整，并便于交接和划分运输责任，而使用施封锁、环等对装车后的棚车和冷藏车的车门及罐车的注、排油口采取的加封措施。

(5) 制票和承运

制票是指根据货物运单填制货票。货票是铁路运输的凭证，也是一种财务性质的货运票据。它是铁路清算运输费用、确定货物运到期限、统计铁路完成的工作量、确定货运进款和运送里程及计算有关货运工作指标的依据。

货票一式四联，甲联留发站存查；乙联为报告联，由发站送交发局，是各项统计工作的依据；丙联为承运证，发站收清运输费用后交托运人报销用；丁联为运输凭证，随同运单和货物递至到站，由到站存查。货票是有价证券并带有号码，必须妥善保管，不得遗失。

制票后，货运员应向托运人核收运输费用，在运单及货票上加盖发站承运日期戳，并将领货凭证及货票丙联交给托运人。托运人应将领货凭证及时交给收货人，收货人据此向到站领取货物。

零担和集装箱货物在发站验收完毕，整车货物在装车完毕并核收运输费用后，发站在货物运单上加盖承运日期戳记的作业，称为承运。

货物承运意味着托运人和承运人的运输合同签订完毕，开始生效。承运是铁路负责运输的开始，也是承运人对托运人履行运输合同的一个重要标志，它表示铁路开始对托运人托运的货物承担运输义务，并担负运输上的一切责任。

二、货物途中作业（Freight in-transport Operations）

货物在运输途中发生的各项运输作业，均称为途中作业。主要包括货物的交接、检查、货物的整理换装、运输变更、整车分卸（wagon freight unloaded at two or more stations）及运输障碍处理（transportation obstacles handling）等，如图 2-18 所示。

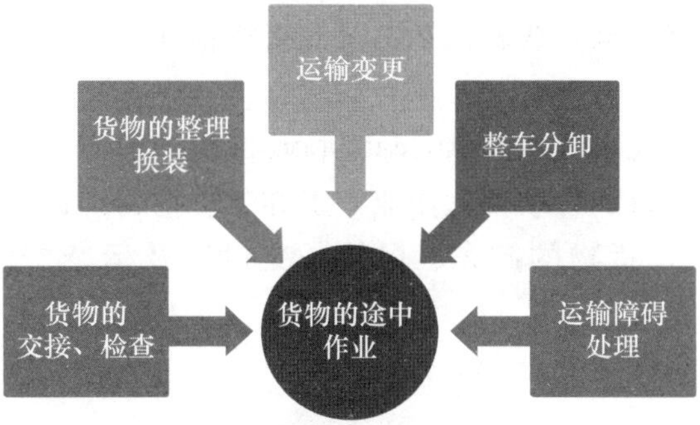

图 2-18 货物途中作业

（1）途中货物的交接、检查

为了保证货物运输的安全、完整，分清运输责任，在运输过程中，车站人员与列车乘务员之间或列车乘务员相互之间，应在铁路局指定的地点和时间办理货车或货物的交接、检查工作。

在技术站，区段货物列车应由车站指定人员与列车乘务员交接并检查；直通货物列车由列车乘务员之间办理交接。

在中间站，对本站作业的车辆由车站与列车乘务员办理交接并检查。

（2）货物的整理换装

重车在运输过程中，发现可能危及行车安全或货物完整时，所进行的更换货车或对货物的整理作业，称为货物的换装整理。其中，换装是指将不宜继续运行货车中的货物卸下，装入适宜安全运输的货车内的作业；整理是指就原车货物的装载位置、高度进行整理，或卸下超载部分的货物及捡拾洒漏货物，以便货车能继续安全运行的作业。

进行换装时，车站必须根据货运票据检查货物的现状，如发现货物损坏或件数不足，应编制货运记录，并将货运记录随同货物和票据递至到站。对因换装整理而卸下的部分货物，处理站应编制货运记录并予以及时补送。对车辆技术状态不良不能继续运行或货车装载状态有异状时，应及时处理。处理站作业完毕后应在货票丁联背面记明有关事项。

（3）货物运输变更

货物运输合同的变更或解除，也称货物运输变更。托运人或收货人由于特殊原因，在发送前托运人向承运人提出取消托运，或托运人、收货人提出变更到站、变更收货人的书面要求，即货物运输合同变更。

（4）整车分卸作业

按整车分卸办理的货物，在途中分卸站要进行货物的分卸作业。

（5）运输障碍的处理

由于不可抗力的原因致使行车中断，货物运输发生阻碍时，铁路局对已承运的货物，可指示绕路运输；或者在必要时先将货物卸下，妥为保管，待恢复运输时再装车继续运输。

三、货物到达作业（Freight Arrival Operation）

货物在到站所进行的各项货运作业，统称为货物的到达作业。主要包括重车和货运票据的交接，货物的卸车、保管、交付以及运杂费的最后结算等，如图 2-19所示。

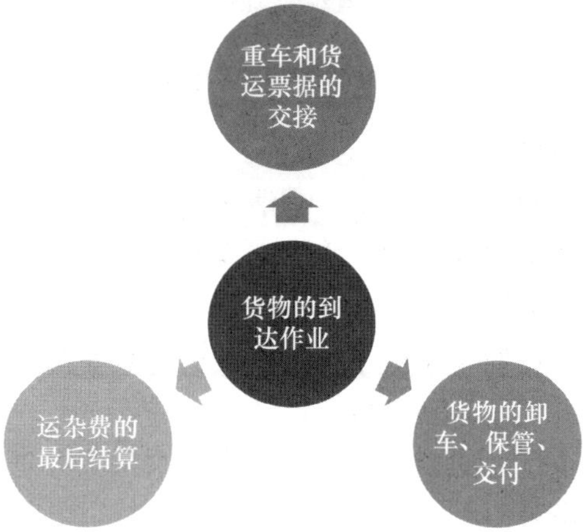

图 2-19　货物的到达作业

货物的到达作业流程如图 2-20 所示。

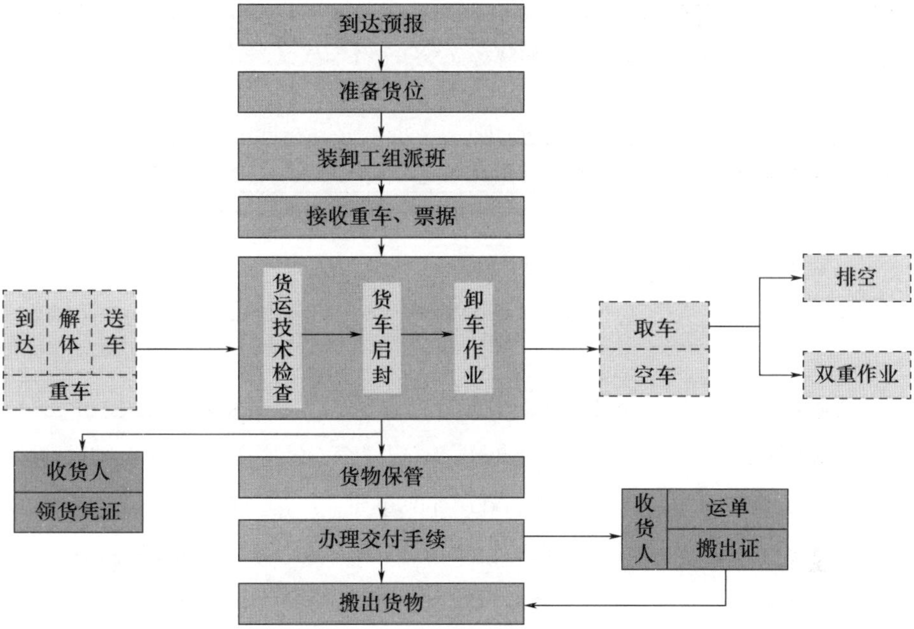

图 2-20　货物的到达作业流程

（1）重车和货运票据的交接

列车到达到站后，车站应及时核对现车，并进行货运检查，检查无误后，与车长或列车乘务员办理重车和货运票据的交接签证。车号室将到达本站卸车的重车票据登记后，移交货运室。货运室接到货物到达票据后，进行登记，并核算在途中和到站发生的各项费用，以便交付时向收货人结算。

（2）货物的卸车

卸车是排空车（dispatched empty wagon）和装车的基础，是到站工作组织的关键。正确、迅速、及时地组织卸车作业，对于保证货物运输质量、确保装车车源、完成排空任务以及加速货车周转、提高货车使用效率都具有重要的意义。

（3）货物的交付和搬出

货物的交付和搬出是指承运人在规定的地点与收货人进行货物（车）交接后，并在货物运单上加盖货物交付日期戳记，即表示货物的运输过程终止的作业程序。交付完毕，货物运输合同即告结束。同时，做好货物的催领通知、货物的查询和交付工作，以提高场库使用效率，加速货物流转。

Word 专业词汇汉英对照（Glossary）

专业词汇	拼音	英文
货物	huòwù	freight/goods
密度	mìdù	density
货物运输条件	huòwù yùnshū tiáojiàn	freight transport condition
价值	jiàzhí	value
货物包装形式	huòwù bāozhuāng xíngshì	packing patterns of goods
重质货物	zhòngzhì huòwù	heavy goods
轻浮（泡）货物	qīngfú（pào）huòwù	light and bulky goods
普通货物	pǔtōng huòwù	general goods
特殊条件	tèshū tiáojiàn	special condition
大宗货物	dàzōng huòwù	mass goods
贵重货物	guìzhòng huòwù	valuable goods
低值货物	dīzhí huòwù	low-value goods
成件包装货物	chéngjiàn bāozhuāng huòwù	packaged goods
散堆装货物	sǎnduīzhuāng huòwù	bulk goods
零担运输	língdàn yùnshū	less than truck load transport
集装运输	jízhuāng yùnshū	containerized transport
快速货物运输	kuàisù huòwù yùnshū	fast goods transport
国内货物运输	guónèi huòwù yùnshū	domestic goods transport
国际货物运输	guójì huòwù yùnshū	international goods transport
“一批”货物	yìpī huòwù	one consignment goods
运输变更	yùnshū biàngēng	transport modification
跨装	kuàzhuāng	straddling of goods on two or more cars
爬装	pázhuāng	climbing one on another
游车	yóu chē	traveling car
设备	shèbèi	equipment
设施	shèshī	facilities

续表

专业词汇	拼音	英文
运输车辆	yùnshū chēliàng	transportation wagon
货运站	huòyùnzhàn	freight station
站台	zhàntái	platform
仓库	cāngkù	warehouse
装卸机械	zhuāngxiè jīxiè	handling machinery
安全检测监控系统	ānquán jiǎncè jiānkòng xìtǒng	safety detection and monitoring system
通用货车	tōngyòng huòchē	general freight wagon
专用货车	zhuānyòng huòchē	specific freight wagon
特种货车	tèzhǒng huòchē	special freight wagon
棚车	péngchē	covered wagon
敞车	chǎngchē	gondola wagon
卸货	xièhuò	unloading
平车	píngchē	flat wagon
罐车	guànchē	tank wagon
长大货物车	chángdà huòwùchē	heavy-duty wagon
凹底平车	āodǐ píngchē	depressed center flat wagon
冷藏车	lěngcángchē	refrigerated wagon
铁路货场	tiělù huòchǎng	railway freight yard
生产车间	shēngchǎn chējiān	production workshop
托运人	tuōyùnrén	consignor
收货人	shōuhuòrén	consignee
换装转运	huànzhuāng zhuǎnyùn	transshipment
联运业务	liányùn yèwù	intermodal business
运输包装	yùnshū bāozhuāng	transport packaging
危险货物	wēixiǎn huòwù	dangerous goods
超长和笨重货物	chāocháng hé bènzhòng huòwù	long and bulky goods
受理、承运和装车	shòulǐ chéngyùn hé zhuāngchē	acceptance，carriage and loading
港口站	gǎngkǒuzhàn	port station

续表

专业词汇	拼音	英文
国境联轨站	guójìng liánguǐzhàn	border station
到达、卸车和交付	dàodá xièchē hé jiāofù	arrival, unloading and delivery
安全保管	ānquán bǎoguǎn	safekeeping
综合性货场	zōnghéxìng huòchǎng	general freight yard
专业性货场	zhuānyèxìng huòchǎng	specialized freight yard
尽端式	jìnduānshì	stub-type
通过式	tōngguòshì	through-type
混合式	hùnhéshì	combined-type
装卸作业	zhuāngxiè zuòyè	handling operation
装卸机械	zhuāngxiè jīxiè	handling machinery
起重机	qǐzhòngjī	crane
叉车	chāchē	forklift
装载机	zhuāngzàijī	loader
正面吊运机	zhèngmiàn diàoyùnjī	reach stacker
散堆装货物装卸机械	sǎnzhuāng huòwù zhuāngxiè jīxiè	bulk goods handling machinery
桥式起重机	qiáoshì qǐzhòngjī	bridge crane
门式起重机	ménshì qǐzhòngjī	gantry crane
托盘运输	tuōpán yùnshū	pallet transportation
内燃叉车	nèirán chāchē	internal combustion forklift
侧面叉车	cèmiàn chāchē	side forklift
装车机	zhuāngchējī	loading machine
卸车机	xièchējī	unloading machine
翻车机	fānchējī	tippler
发送作业	fāsòng zuòyè	dispatch operation
途中作业	túzhōng zuòyè	in-transit operation
到达作业	dàodá zuòyè	arrival operation
整车运输	zhěngchē yùnshū	full wagon transportation
特种运输	tèzhǒng yùnshū	special transportation

续表

专业词汇	拼音	英文
托运	tuōyùn	consignment
受理	shòulǐ	acceptance
进货	jìnhuò	arrival of goods
验收	yànshōu	acceptance check
制票	zhìpiào	waybill making
承运	chéngyùn	accept for carriage
装车作业	zhuāngchē zuòyè	loading operation
货物运单	huòwù yùndān	waybill
货车施封	huòchē shīfēng	wagon seal
整车分卸	zhěngchē fēnxiè	wagon freight unloaded at two or more stations
运输障碍处理	yùnshū zhàngài chùlǐ	transportation obstacles handling
排空车	páikōngchē	dispatched empty wagon

思考题（Questions）

1. 铁路货物运输发货人与收货人之间是如何确定货物明细的？
2. 铁路货物的运到期限是如何确定的？
3. 中国铁路货物运输知名企业有哪些？
4. 什么是铁路货车？铁路货车的种类是如何划分的？
5. 怎样确定合适的各种类型的货运车辆数量？
6. 货场的主要功能是什么？有哪些主要设备？
7. 如何确定货场中装卸机械的数量？
8. 货物运到期限应如何计算？
9. 货物发送作业的程序有哪些？
10. 何为承运和交付完毕？
11. 货物发送作业的程序有哪些？
12. 将下面英文翻译成中文。

Less than truch load (LTL) transport: When the quantity of consignment of a batch of goods is small, it is not economically cost-effective to carry insufficient loading or occupy a train wagon (or a transport wagon), and the transportation department will arrange and other consignment goods transport after assembly. The transportation department charges according to the ton-kilometers of the consigned goods and the freight rate. For LTL shipments, the minimum volume of one piece shall not be less than 0.02 cubic meters (except for pieces weighing more than 10 kg), and each batch shall not exceed 300 pieces.

拓展阅读 (Extensive Reading)

阅读材料 1——货物运输保险与保价运输的区别

货物运输保险与货物保价运输虽然都有补偿托运人或收货人经济损失的目的，但是两者的性质不同：

1. 责任依据的法律不同

货物运输保险的责任依据是保险法规，而货物保价运输的责任依据是有关的铁路运输法律、法规。

2. 责任基础不同

货物运输保险的责任基础主要是因自然灾害、意外事故等非人为因素造成的损失；货物保价运输的责任基础主要是因承运人责任造成的货物损失。根据国内水路、陆路货物运输保险的有关规定，保险货物因承运人责任造成的货物损失，保险人向投保人补偿后，有向承运人追偿的权利。

3. 赔偿方式不同

货物运输保险的赔偿依据是保险协议。根据该协议，在发生保险责任范围内的损失时，赔偿金额最高不超过保险金额。货物保价运输的赔偿依据是保价协议，它是运输合同的组成部分。根据此协议，托运人要缴纳一定的保价费，承运人以保价金额承运，发生承运人责任的损失时按保价运输的原则赔偿，最高不超过保价金额。

4. 目的不同

货物运输保险目的是解决因自然灾害、意外事故而造成经济损失的社会救济问题。货物保价运输的目的是解决限额赔偿不足以补偿托运人损失而设立的一种特殊的赔偿制度。前者是一种社会补偿方式；后者是铁路运输责任的延续。

5. 对货物的安全管理不同

对于货物运输保险，因保险公司不参与运输管理，它只是一种经济补偿形式。而货物保价运输是货物运输合同的组成部分；承运人作为合同的一方直接参与货物的运输管理工作。

阅读材料 2——重载铁路货运站

由于重载列车的技术作业与普通铁路有较大不同，因此重载铁路车站与普通铁路车站有较大的区别。根据重载列车的组织形式不同、车站作业性质和内容的不同，重载列车作业站可以分为重载列车装卸站、重载列车途中技术作业站和重载铁路中间站，如图 2-21 所示。

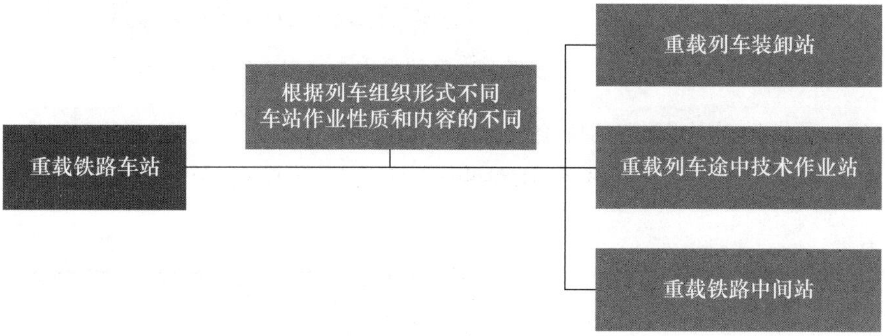

图 2-21　重载铁路车站的分类

（1）重载列车装卸站主要作业

重载列车装卸站为办理重载列车装卸作业的车站。主要办理的作业如图 2-22所示：

① 重载列车（整列空车）的接发作业；

② 车辆的技术检查；

③ 重载列车（整列空车）的装卸作业。

图 2-22　重载列车装卸站的主要作业

（2）重载列车途中技术作业站

重载列车途中技术作业站包括区段站、编组站（含专门办理重载列车组合分解作业的车站），如图 2-23 所示。

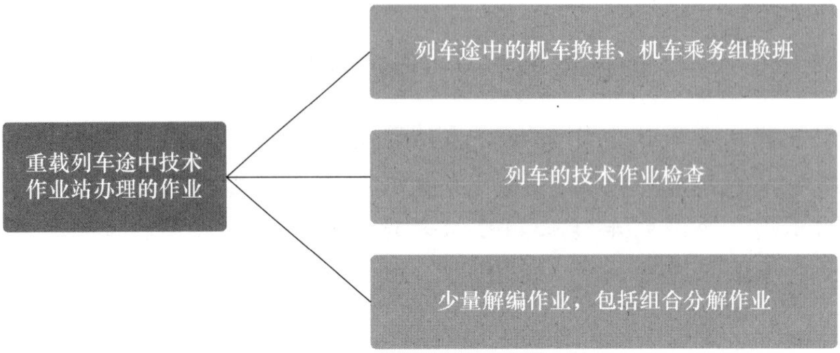

图 2-23　重载列车途中技术作业站主要作业

（3）重载铁路中间站（含会让站和越行站）

重载铁路中间站（包括会让站和越行站）办理的主要作业，如图 2-24 所示。

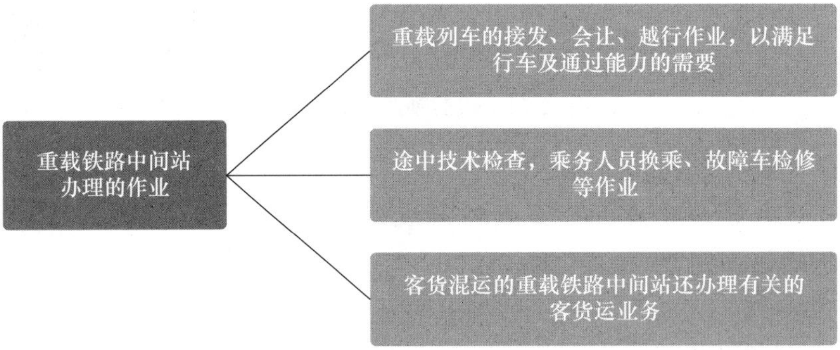

图 2-24　重载铁路中间站办理的作业

阅读材料 3——铁路货运站计量设备

铁路计量设备主要是对货车、货物进行科学的计量，为铁路货物运输中费用的收取和货车装载提供重要依据。铁路上主要使用轨道衡和安装在装卸机具上的衡器、汽车衡等计量设备，下面着重介绍轨道衡。

轨道衡是称量铁路货车载重的衡器，分静态轨道衡、动态轨道衡和轻型轨道衡三种，主要用于铁路部门对装载散装货物货车的称量。

（1）静态轨道衡

静态轨道衡用于称量静止状态货车载重，有机械式、机电结合式和电子式三类。

① 机械式静态轨道衡由承重台、杠杆系统和示值装置三部分构成。称量

时，机车以低于3km/h的速度将货车准确停止在承重台上，脱钩后，司秤员移动计量杠杆上的大、小游砣使杠杆平衡，按大、小游砣在主、副杠杆上的示值之和读出称量。它具有准确度较高、性能稳定、经济实用等优点。

缺点是操作复杂、效率低、不宜安装在列车出入频繁的线路上。

② 机电结合式静态轨道衡其结构原理与机械式静态轨道衡相同。但在传力杠杆连接处装有一个称重传感器，并由称重显示器自动显出称量。

③ 电子式静态轨道衡由承重台、传感器、称重显示仪表和数字打印机四部分组成，能自动显示称量数值和打印记录，具有远传信息、连续计量等特点。

(2) 动态轨道衡

动态轨道衡用于称量行驶中货车载重，有机电结合式和电子式两种。计量方式有整车计量、转向架计量和轴计量三种。承重台有单台面和双台面两种。

电子式动态轨道衡由承重台、称重传感器、称重显示器、微型计算机和打印机等组成。称量时，列车以5～35km/h的速度通过承重台，轨道开关自动判别机车和货车，利用支撑承重台的四个传感器，将货车载重转换成电信号并经放大器放大，然后由转换器变换成数字信号输入计算机，处理后即可显示出货车载重的多种数据，并可打印记录。电子动态轨道衡具有操作方便、效率高的特点。

动态轨道衡又分断轨和不断轨两种。不断轨轨道衡的测量区的轨道通过鱼尾板连接铁路轨道，没有独立的承重台，因此没有过车时导致的冲击振动机械磨损。计量方式以轮轴计量和转向架计量为主。微型计算机管理的电子式轨道衡具有功能完备、操作方便、效率高、可靠性高的特点，可安装在铁路正线上，不计量时允许列车以更高的运行速度通过。有的还可以测量铁路货车的超偏载。不断轨轨道衡适合各种轨道车辆快速称重，日过磅数超过500车，工作效率较高。

阅读材料4——铁路集装化运输

集装运输包括集装箱运输和集装化运输，它是以集装箱、集装器具和捆扎索夹具为载体，将散裸装和成件包装货物集合组装成集装单元，装于具有统一长、宽、高规格的箱体内，以便适于进行装卸、搬运作业方法的一种运输方式。

铁路货物集装化运输，国外铁路称之为货捆运输、单元运输或束装运输。凡使用集装器具或捆扎方法，把裸装货物、散粒状货物、具有商业包装的货物、体积较小的成件包装货物等适于集装化运输的货物，组成具有一定规格的集装货件进行运输，统称为集装化运输。

铁路货物集装化运输是当今世界近十几年发展起来的一种较为先进的运输方式。它是提高货物运输效率，保证货物运输安全与货物质量，加速车辆周转和货物送达的重要措施，也是实现铁路货物运输现代化的途径之一。

从广义上讲，集装箱也是集装化的一种形式，但集装化运输与集装箱运输不同之处是集装化运输具有更大的灵活性，能组织不同形式和类型的货物集装件进行运输。

（1）铁路货物集装化运输应满足的要求

铁路货物集装化运输应满足的要求如图 2-25 所示。

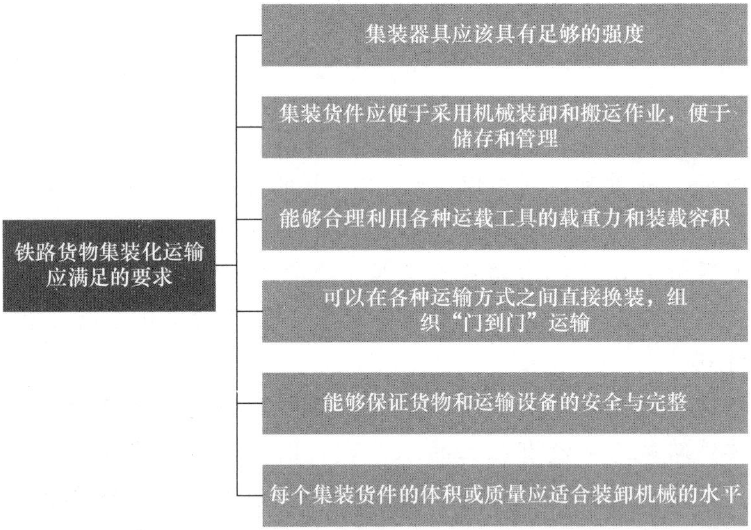

图 2-25 铁路货物集装化运输应满足的要求

（2）铁路货运常用的集装器具类型

集装器具是指货物集装化运输所使用的集装容器和用具的总称。集装器具类型的选择主要取决于货物的性质和状态。

集装器具类型如图 2-26 所示。

（3）集装化运输的技术条件

集装化运输的技术条件如图 2-27 所示。

图 2-26　铁路货运常用的集装器具类型

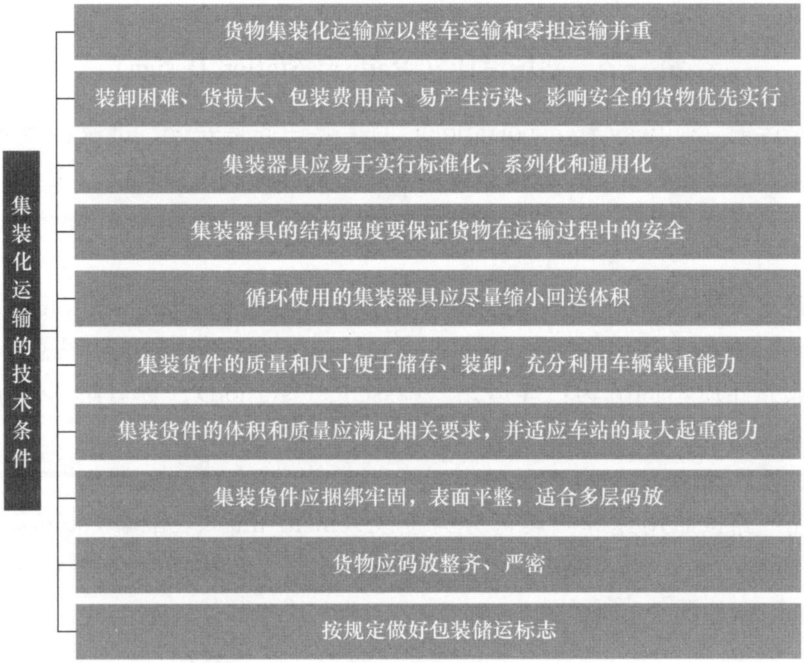

图 2-27　集装化运输的技术条件

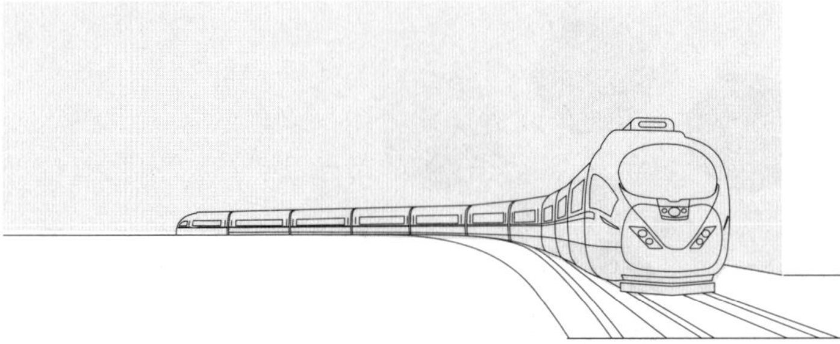

第 三 章

铁路站场组织

Railway Station Organization

第一节 站场设计（Railway Station Design）

铁路运输（railway transportation）的主要任务是安全、迅速、经济、便利地运送旅客和货物，为国家经济建设、国防建设和提高人民物质、文化生活水平服务。在完成这项任务时，铁路车站及枢纽（railway station and terminal）起着重要的作用。

铁路车站按技术作业不同分为：中间站（intermediate station）、区段站（district station）、编组站（marshalling station）。区段站和编组站总称为技术站。按业务性质不同分为：客运站（passenger station）、货运站（freight station）、客货运站。

一、铁路线路（Railway Line）

铁路线路按照用途和归属可分为正线（main line）、站线（station track）、段管线（depot managed line）、岔线（branch line）及特别用途线（special purpose track），如图 3-1 所示。

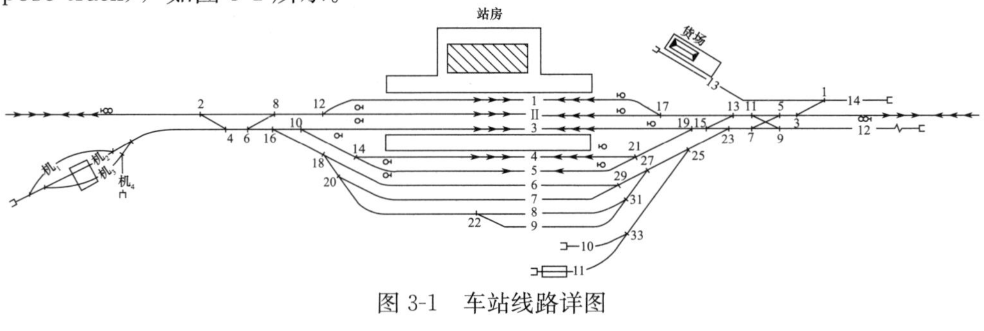

图 3-1 车站线路详图

正线是指连接车站并贯穿或直股伸入车站的线路，正线可分为区间正线及站内正线，连接车站的部分为区间正线，贯穿或直股伸入车站的部分为站内正线。

站线包括以下几类：①供接发旅客列车或货物列车用的到发线；②供解体或编组货物列车用的调车线和牵出线；③办理装卸作业的货物线；④办理其他各种作业的线路，如机走线、存车线、检修线等。

段管线是指机务、车辆、工务、电务、供电等段专用并由其管理的线路，如机务段内机车整备线、三角线，车辆段内车辆检修作业用的线路以及工务、电务段内停留轨道车及其他车辆的线路。

岔线是指在区间或站内接轨，通向路内外单位的专用线路。

特别用途线是指为保证行车安全而设置的安全线和避难线。

二、铁路限界 (Railway Clearances)

（1）铁路限界是指为了确保机车车辆在铁路线路上运行的安全，防止机车车辆撞击邻近线路的建筑物和设备，而对机车车辆和接近线路的建筑物、设备所规定的不允许超越的轮廓尺寸线。铁路基本限界包括机车车辆限界（rolling stock gauge）和建筑限界（railway structure gauge）。

（2）机车车辆限界是规定机车车辆不同部位的宽度、高度的最大尺寸和底部零件至轨面的最小距离，是和线路中心线垂直的机车车辆横断面的最大极限。

（3）建筑限界是一个和线路中心线垂直的横断面轮廓，它规定了保证机车车辆安全通行所需要的最小尺寸，在此轮廓内，除机车车辆和与机车车辆有相互作用的设备（车辆减速器、路签授受器、接触电线及其他）外，其他设备或建筑物均不得侵入。

三、道岔 (Turnout)

在铁路车站，为了保证机车车辆能够由一条线路进入或越过另一条线路，需敷设线路连接设备。在线路连接设备中，最广泛采用的是道岔（turnout），如图 3-2 所示。

图 3-2 铁路道岔

道岔种类很多，按照几何形状分类，常用的有单开道岔（simple turnout）、对称道岔（equilateral turnout）、三开道岔（three-way turnout）及交分道岔（slip switch）四种。

（1）单开道岔的主线为直线，侧线由主线向左侧或右侧岔出，分为左开及右开两种形式，如图 3-3 所示。

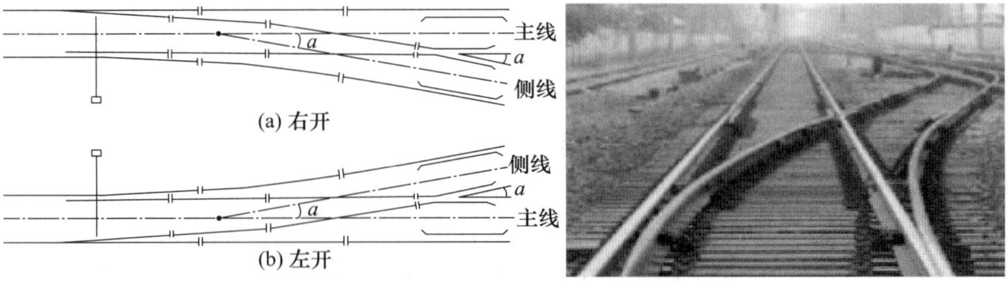

图 3-3　单开道岔

（2）对称道岔由主线向两侧分为两条线路，道岔各部位均按辙叉角平分线对称排列，两条连接线路的曲线半径相同，无直向或侧向之分，因此两侧线运行条件相同。这种道岔具有增大导曲线半径和缩短站场长度的优点。因此，对称道岔一般可在调车场头部或尾部敷设，也可在到达场、机务段和货场等处的线路上敷设。必要时可将对称道岔与单开道岔混合使用，如图 3-4 所示。

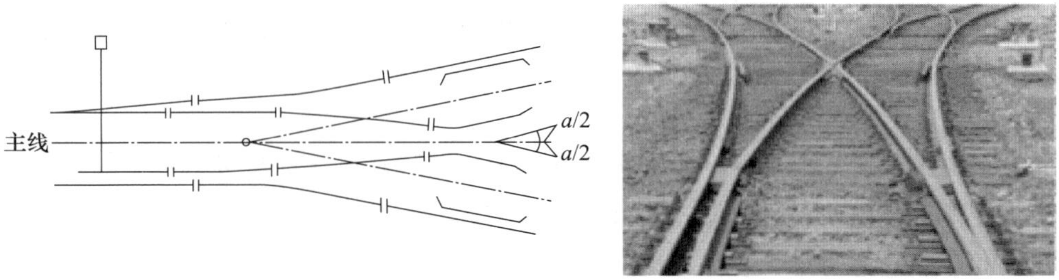

图 3-4　对称道岔

（3）三开道岔是当需要连接的线路较多，而地形又受到限制，不能在主线上连续敷设两个单开道岔时敷设的一种道岔。三开道岔是将一个单开道岔纳入另一个单开道岔内构成的。这种道岔的优点是长度较短；缺点是尖轨削弱较多，转辙器使用寿命短，同时两普通辙叉在主线内侧无法设置护轨，机车车辆沿主线不能高速运行。故这种道岔只有在地形不允许以及需要尽量缩短线路连接长度的地方，如调车场的头部或尽头式车站内连接机车走行线与相邻两到发线时采用，如图 3-5 所示。

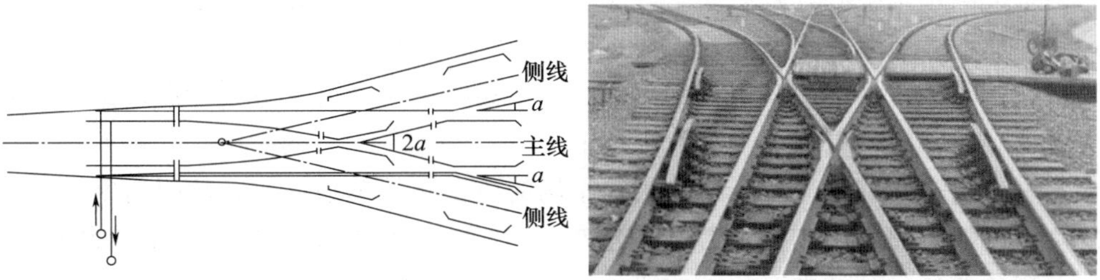

图 3-5 三开道岔

（4）交分道岔是由多组尖轨、辙叉和导曲线构成的，用于将两条交叉线路直接连接在一起，并开通多个方向的线路连接设备。根据尖轨数量的不同，可分为单式交分道岔（single slip）和复式交分道岔（double slip）两类。复式交分道岔相当于在线路基线上布置两个对向单开道岔，但其占地较短，节省工程费用，特别是连接几条平行线路时，比单开道岔连接的长度缩短得更为显著。但交分道岔构造复杂，稳定性差，养护维修工作量大，且在正线上，道岔的直向容许通过速度难以达到连接线路的标准，故一般仅在大型车站或其他用地长度受限制的咽喉区采用，而不宜在正线使用，如图 3-6 所示。

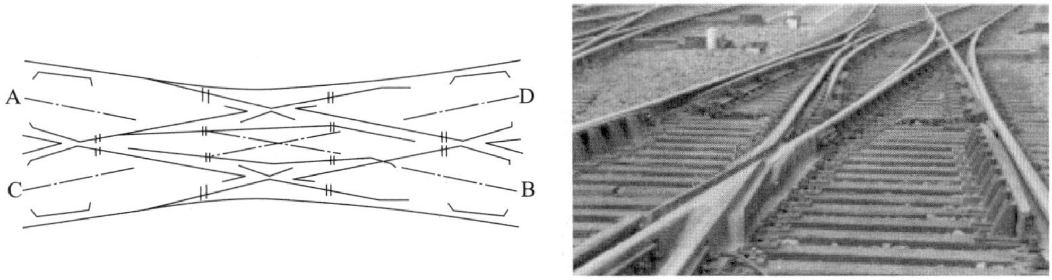

图 3-6 交分道岔

道岔编号的规则：

（1）用阿拉伯数字从车站两端由外向里依次编号，上行列车到达一端用双数，下行列车到达一端用单数，如图 3-7 所示。

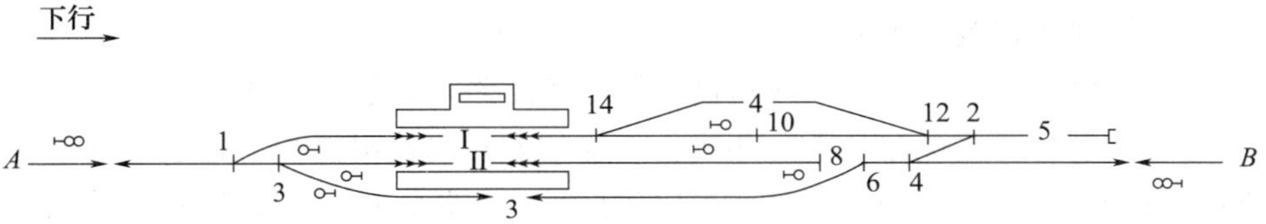

图 3-7 道岔编号示例

（2）站内道岔，一般以车站站舍中心线作为划分单数号和双数号的分界线，若站舍远离车站中心，则以车站或车场中心线划分，并应先编正线、到发线，后编货物作业线等。

（3）每一道岔均应编单独的号码，对于渡线、交分道岔等处的联动道岔，则应编连续的单数或双数。

（4）当车站有几个车场时，每一车场的道岔必须单独编号，此时道岔号码应使用 3 位阿拉伯数字，百位数字表示车场号码，个位和十位数字表示道岔号码，从而避免在同一车站内有相同的道岔号码。

四、线路连接（Railway Line Connection）

常用的车站线路连接形式有线路终端连接（connection at end of track）、渡线（cross-over track）、梯线（ladder track，gather track）及线路平行错移（connection of tracks by parallel shifting apart）等，如图 3-8 所示。

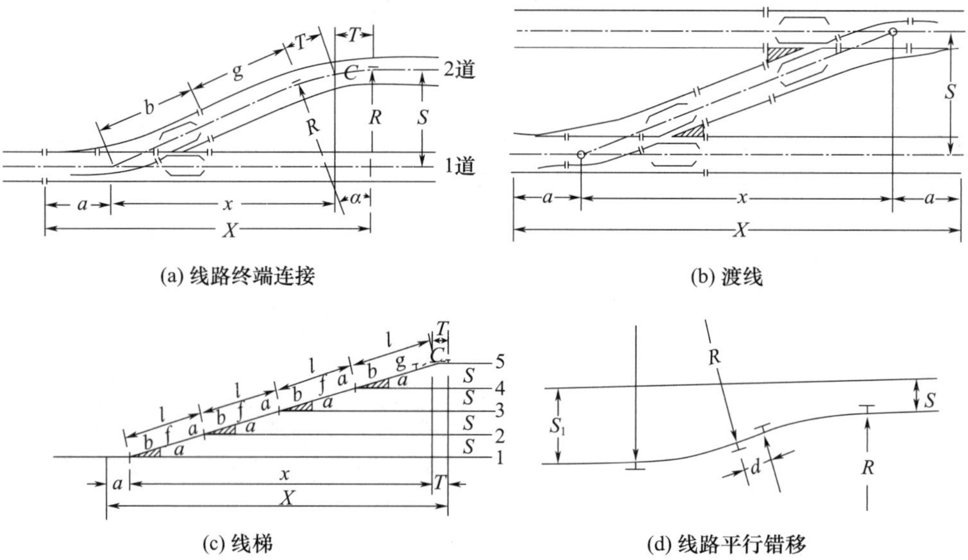

(a) 线路终端连接　(b) 渡线　(c) 线梯　(d) 线路平行错移

图 3-8　线路连接形式

在站场设计中，将相邻两平行线路中的一条线路的终端与另一条线路连接起来，便构成最常见的普通式线路终端连接。它由一副单开道岔、一段连接曲线及道岔与曲线间的直线段组成。

为了使机车车辆能从一条线路进入另一条线路，应设置渡线。

将几条平行线连接在一条公共线上，这条公共线就叫梯线。梯线应与牵出线（或正线、连接线）直接连通，以保证停在某一线路上的机车车辆能够转线到其他任一线路上去。

在车站两平行线路间的某一段需要修建站台或其他建筑物，以及为某种作业需要而变更线间距离时，其中一条线路要平行移动，移动后的线路与原线路之间用反向曲线连接，这种连接形式称为线路平行错移。

五、车场（Railway Yard）

将办理同一种作业的线路两端用梯线连接起来，便成为车场（railway yard）。车场按其用途可分为到发场（arrival-departure yard）、到达场（arrival yard）、出发场（departure yard）及调车场（shunting yard）等。按其形状可分为梯形车场、异腰梯形车场、平行四边形车场及梭形车场，如图 3-9 所示。

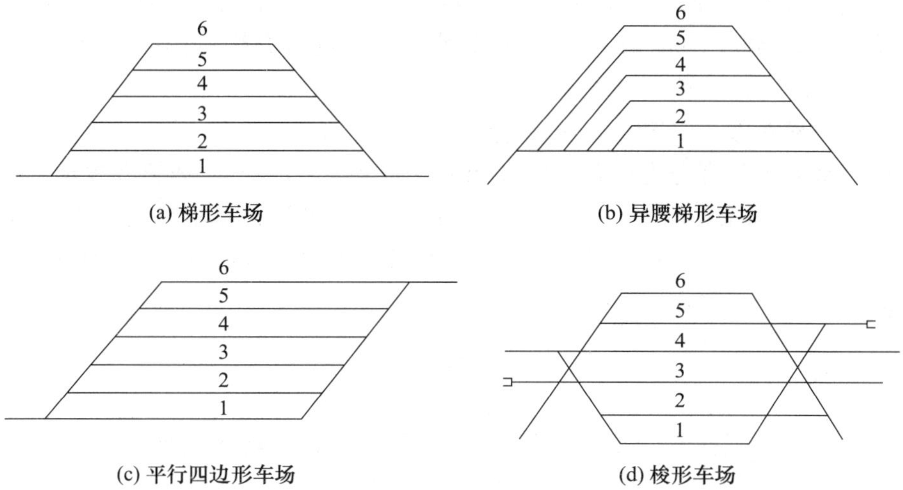

图 3-9　车场的种类

（1）梯形车场两端用直线梯线连接，具有直线梯线的种种优点，在线路数目少的情况下可用作到发场或调车场。但这种车场也有缺点，如线路数目较多时，道岔区较长，各条线路有效长不均匀。

（2）异腰梯形车场克服了上述梯形车场的缺点。无论线路多少，各线路有效长除外侧两条稍长一些外，其余各条线路都是相同的。从运营观点来看，异腰梯形车场也有缺点。由于在线路有效长范围内设有曲线，瞭望条件不好，用作到发场及调车场，对接发列车及调车作业都不利，线路越多，这个缺点越突出。

（3）平行四边形车场具有异腰梯形车场的上述优点而没有其缺点。从车场本身看，这种车场是比较好的。但车场是车站的一个组成部分，从整个车站的布置来考虑，由于这种车场两端的出入口不在一条直线上，对不停站列车的通过作业有不利影响，对调车作业亦不方便。

（4）在车站线路较多的情况下，梭形车场比上述车场都优越。其优点是各条线路有效长相差不大而又不增加曲线，用地长度也较短。另外，还能在两端设两条进路，以改善作业条件。但梭形车场是对称的，实际上是由两个梯形车场组合而成的，采用时必须与整个车站的布置相配合，一般可用在到发场、到达场、出发场。

六、咽喉和进路（Throat and Route）

车场或车站两端道岔汇聚的地方，是各种作业（列车到发、机车走行、调车和车辆取送作业等）必经之地，故可称为车场或车站咽喉区（station throat section），简称咽喉区。自进站最外方道岔基本轨始端（或警冲标）至最内方出站信号机（或警冲标）的距离称为车站咽喉长度。

在车站或车场咽喉区要办理行车和调车作业，每项作业的运行径路叫作作业进路，简称进路（route）。两项作业可同时办理，且互不妨碍的两条进路，叫作平行进路（parallel route）；作业互相妨碍，不能同时办理的两条进路叫作敌对进路（conflicting route）或交叉进路。

七、线路有效长（Effective Length of Track）

车站线路的长度分为线路全长（total length of track）和线路有效长（effective length of track）两种。全长是指车站线路一端的道岔基本轨接头至另一端道岔基本轨接头的长度。有效长是指在线路全长范围内可以停留机车车辆而不妨碍邻线行车的部分，如图 3-10 所示。

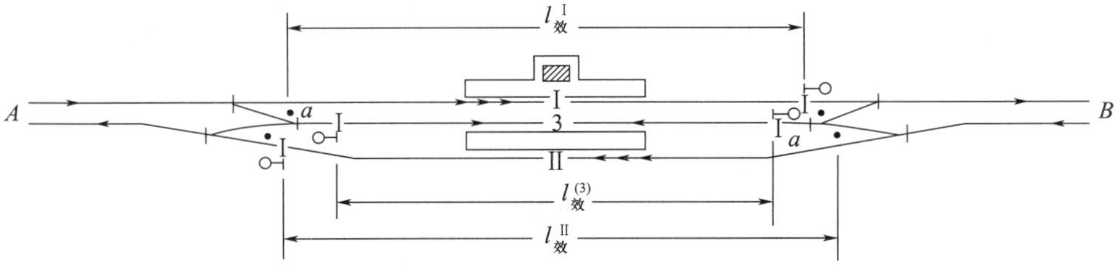

图 3-10　线路有效长的确定

线路有效长的起止范围由下列各项因素确定：①警冲标（fouling point indicator）如图 3-11（a）所示；②道岔的尖轨始端（无轨道电路时）或道岔基本轨接头处的钢轨绝缘（有轨道电路时）；③出站信号机（或调车信号机）（starting signal），客运专线车站到发线上不设出站信号机时，应为出站信号机对应的钢轨绝缘，如图 3-11（b）所示；④车挡（为尽头式线路时）；⑤车辆减速器。

(a)　(b)

图 3-11　警冲标、出站信号机

第二节 中间站及技术站
(Intermediate Station and Technical Station)

一、中间站 (Intermediate Station)

(1) 中间站是为提高铁路区段通过能力，保证行车安全并为沿线城乡及工农业生产服务而在铁路牵引区段内设置的车站。

中间站的功能主要有两个方面，一是在确保安全的前提下不间断接发列车，并进行列车会车、越行及部分列车调车作业，以满足行车及通过能力的要求；二是进行客货运作业，以满足地方客货运输的需求。办理客货运业务的中间站其位置与当地的交通运输、经济发展和人民生活息息相关。

现行《铁路车站及枢纽设计规范》(TB 10099) 中将仅办理列车会让和越行，必要时可兼办少量旅客乘降作业的车站，在单线铁路上称会让站 (passing station)，在双线铁路上称越行站 (overtaking station)，如图 3-12 和图 3-13 所示；办理列车通过、交会、越行和客货运作业的车站称为中间站。现行《铁路技术管理规程》中将上述三种车站统称为中间站。

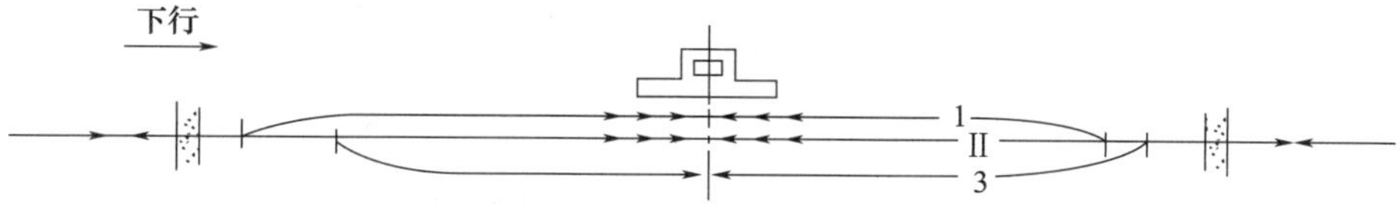

图 3-12 会让站

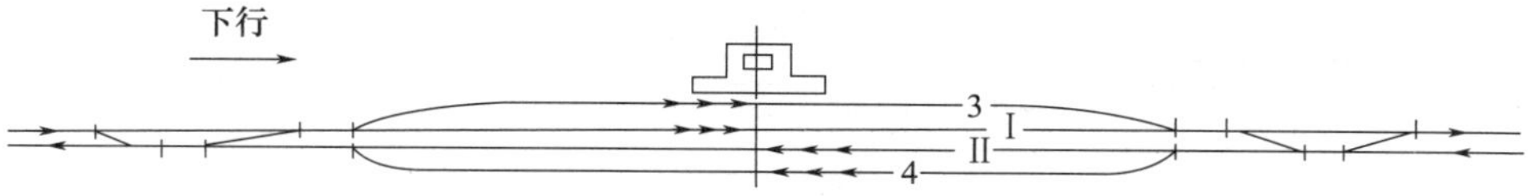

图 3-13 越行站

中间站的作业：列车的通过、会让和越行。在双线铁路上还办理调整反方向运行列车的转线作业，旅客乘降，货物的承运、装卸、保管与交付，摘挂列车向货场甩挂车辆的调车作业。

有的中间站如有专用线接轨或者是加力牵引起终点以及机车折返站时，还需办理专用线的取送车、补机的摘挂、待班和机车整备、转向等作业。另外，在客货运量较大的个别中间站，还有始发、终到旅客列车及编组始发货物列车的作业。

有客货作业中间站一般都采用横列式布置图。横列式布置具有：站坪长度短，工程投资少，在紧迫导线地段可缩短线路长度；车站值班员对两端咽喉有较好的瞭望条件，便于管理；无中部咽喉，可减少扳道人员；摘挂列车调车时车辆走行距离短，节省运营费；到发线使用灵活，站场布置紧凑等优点。

图 3-14 为单线横列式中间站布置图。图 3-15 为双线横列式中间站布置图。这两种图形具有正线侧不设中间站台，列车可以高速通过，保证旅客安全，车辆摘挂作业方便，列车待避条件好，有利于工务养护和方便改、扩建等优点。

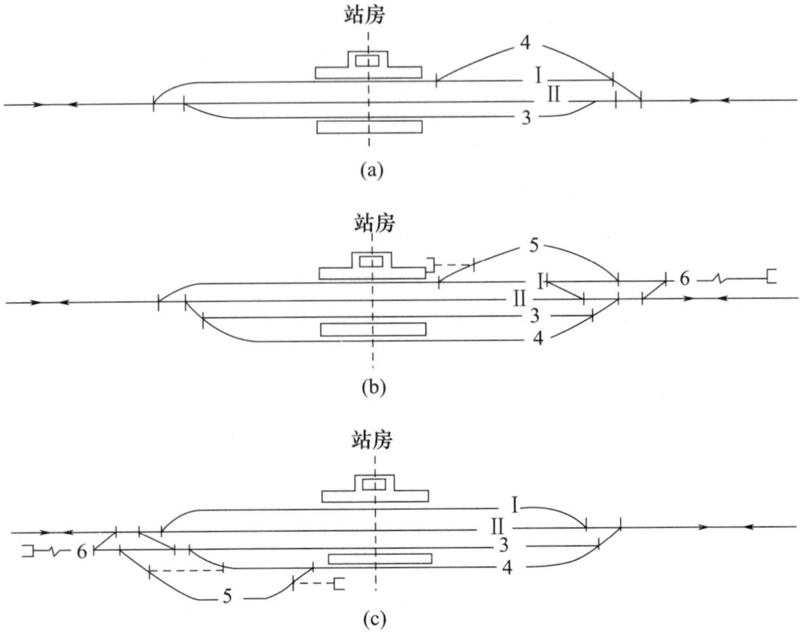

图 3-14 单线横列式中间站布置图

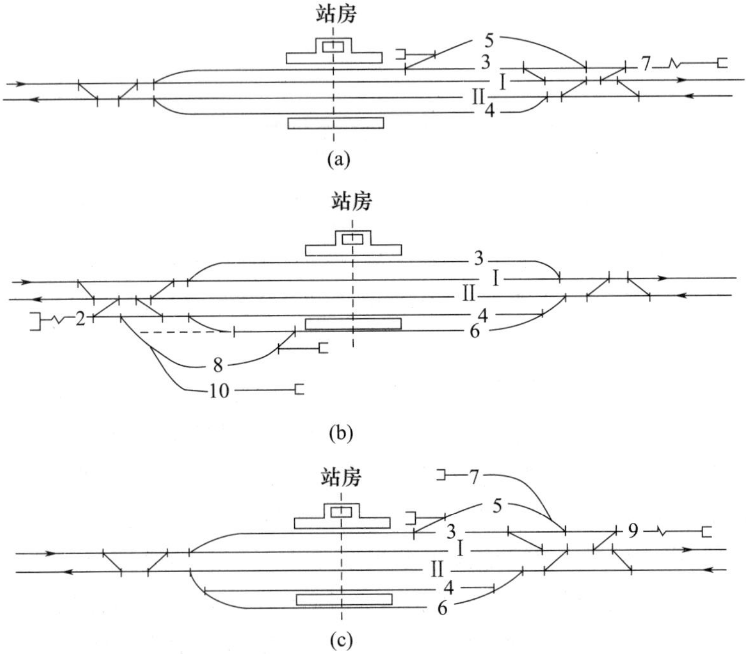

图 3-15 双线横列式中间站布置图

图 3-14（a）适用于货运量不很大，正线平、纵断面条件适合于办理调车作业，摘挂列车在站调车作业时间不长，且行车密度不大、行车速度不高、利用正线调车不致影响接发列车作业的单线中间站。采用此种布置图时，尚应考虑预留敷设牵出线的条件。图 3-15（a）适用于货运量不很大的双线铁路中间站。货场设在站房同侧或对侧，应根据货源、货流方向，结合当地条件确定。

为了完成相应作业，有调车作业的中间站应设有以下设备：

① 列车到发线和货物装卸线，必要时还应设有调车用牵出线以及安全线等。

中间站的到发线（arrival and departure track）数量不仅与列车对数有关，而且与车站性质和本站作业量有密切关系。

中间站是否设置牵出线（lead track），应根据衔接区间正线数、行车速度高低、行车密度大小、车站调车作业量以及货场设置位置等因素确定。

为了办理货物的装卸作业，中间站应敷设货物线（loading and unloading track）。其数目和长度与货物装卸量有关，应根据需要确定。

安全线（catch siding）为进路隔开设备之一。安全线是防止列车或机车车辆进入另一列车或机车车辆进路的一种安全设备。

在山岳或丘陵陡峻地区，区间线路纵断面不利时，为了防止在陡长下坡道上失去控制的列车发生冲突或颠覆，应根据线路情况，计算确定在区间或站内设置避难线（refuge siding）。

② 为旅客服务的站房、站台、站台间的跨越设备（天桥、地道或平过道）和雨篷等，如图 3-16～图 3-18 所示。

图 3-16　旅客站房、旅客站台

图 3-17　天桥、地道

图 3-18　货物站台、堆放场

(2) 旅客站房（passenger station building）是办理售票、候车的地方。中间站由于客货运量小，作业简单，往往将站长室、行车运转室合并于旅客站房内。

为便利旅客上下车，应修建旅客站台。旅客站台按其与站房和车站到发线的相互位置可分为基本站台和中间站台两种。靠近站房一侧的为基本站台，设在线路中间的为中间站台。

站台间的横越设备一般有天桥、地道、平过道三种。中间站一般应有平过道，其宽度不小于 2.5m，可设于站台端部，以便于必要时机动车辆跨线走行。中间站上一般只设一座天桥或地道。由于天桥遮挡行车视线，占用站台面积较多，一般优先选用地道。天桥、地道的宽度一般不小于 3m。横越设备位置宜设在站台的中部，进出站检票口之间，供上下车旅客共同使用。

(3) 为货运服务的货物堆放场、货物站台、仓库、雨篷、装卸设备及货运办公房屋等。

为了办理货物作业，应在中间站设置货场（包括仓库、货物线、货物站台、货物堆放场和货运办公房屋等）。中间站小型货场货物仓库（warehouse）宽度一般采用 9～12m，长度根据需要堆积货物的面积计算确定。中间站货物站台（goods platform）一般高出轨面 1.1m。货物站台的宽度，如有仓库时，按仓库要求加两边走道考虑；如无仓库时，一般不宜小于 12m。堆放场（storage yard）主要用于堆积长大、散堆装和粗杂货物。堆放场地面一般与路基面平，有时也可做成与枕木顶平。为了便于装卸，货位一般与装卸线平行布置。

(4) 信号、联锁、闭塞及通信设备。

(5) 个别车站为机车整备、转向而设置的有关设备等。

(6) 必要时还设有存车线和调车线。

二、技术站（Technical Station）

技术站是拥有较多技术设备并主要办理货物列车和车辆技术作业的编组站和区段站的总称。

1. 区段站（District Station）

区段站的主要任务是为邻接的铁路区段供应及整备机车或更换机车乘务组，并为无改编中转货物列车办理规定的技术作业。此外，还办理一定数量的列车解编作业及客、货运业务。在设备条件具备时，还进行机车、车辆的检修业务。

根据所担负的任务，区段站一般办理下列作业。

（1）客运业务

区段站客运业务与中间站所办理的客运业务基本相同，只不过数量较大。

（2）货运业务

区段站货运业务与中间站所办理的货运业务大致一样，但作业量较大。在某些区段站上还进行保温车的整备及牲畜车的供水作业。

（3）运转作业

① 与旅客列车有关的运转作业。主要办理通过旅客列车的接发作业，有的车站还办理局管内或市郊旅客列车的始发、终到作业以及个别车辆的甩挂作业。

② 与货物列车有关的运转作业。主要办理无改编中转列车的接发和有关作业，进行区段列车和摘挂列车的解体和编组作业，同时还办理向货场、岔线取送作业车等作业。有些区段站还要办理部分改编中转列车变更运行方向、变更列车质量或换挂车组等作业。某些区段站还担当少量始发直达列车的解编任务。

（4）机车业务

区段站机车业务以更换货物列车机车和乘务组为主，有些车站还更换旅客列车机车和乘务组。当采用循环交路时，在机务段所在的区段站上，列车机车不进段，仅在站内到发线上或其附近进行检查、整备作业。当采用长交路时，有的区段站无须更换机车，仅更换机车乘务组或进行部分整备作业。

（5）车辆业务

区段站车辆业务主要是办理列车的技术检查和车辆的检修（摘车修和不摘车修）业务。在设有车辆段的区段站上，还办理车辆的段修业务。

为了保证上述作业的完成，在区段站上应设有以下各项设备：

（1）客运业务设备（passenger service equipment）

客运业务设备主要有旅客站房、旅客站台、雨篷及跨越线路设备等。

（2）货运业务设备（goods service equipment）

货运业务设备主要指货场及其有关设备，如装卸线、存车线、货物站台、仓库、雨篷、堆放场及装卸机械等。

（3）运转设备（operating equipment）

① 供旅客列车使用的运转设备。主要有旅客列车到发线，必要时设客车车底停留线。

② 供货物列车使用的运转设备。主要有货物列车到发线、调车线、牵出线

（有时设小能力驼峰）、机车走行线及机待线等。

（4）机务设备（locomotive equipment）

机务设备是指用以对机车进行各项整备和修理作业的线路和设备。在机务段（或机务折返段）所在的区段站上，如采用循环交路，在到发场或其附近设有机车整备设备。当采用长交路轮乘制时，可设机车运用段或机务换乘点。

（5）车辆设备（wagon equipment）

车辆设备是指供到发的车辆进行检查和修理的设备。主要指列车检修所（简称列检所）、站修所的相关设备等。在规模较大的区段站上还设有车辆段。

除上述各项设备外，还有信号、通信、给水、排水、电力、照明、技术办公房屋以及城镇道路的平（立）交设备等。

由于地形、城市规划要求、运量及运输性质、正线数目等因素的影响，为合理布置区段站的各项设备而形成了多种多样的布置方式。按布置方式划分，区段站主要可以分为有横列式区段站、客货纵列式区段站、一级三场式区段站等类型。

横列式区段站具有布置紧凑，站坪长度短，设备集中，投资省，管理、作业方便，灵活性大等优点，但是也有出、入段走行距离长，部分作业存在交叉干扰，与站房同侧的工业企业线接轨不方便等缺点。

客货纵列式区段站的主要优点是客、货运设备分别布置，管理方便，作业干扰较少；缺点是客、货运两场分设，需要增加设备和定员，机务段与货运场间机车走行距离增加，部分情况取送车作业不方便。

一级三场式区段站能够避免部分列车的交叉，但是解编车列转线走行距离较远，部分情况要增设联络线解决反向发（接）车问题。

2. 编组站（Marshalling Station）

编组站是在铁路网上办理大量货物列车解体和编组作业，并为此设有驼峰（hump）、专用调车机车等一整套技术设备的车站。编组站以处理改编中转货物列车为主，编解各种货物列车，负责路网上和枢纽地区车流的组织；同时还供应列车动力，对机车进行整备和检修，使其性能良好地投入运营；确保投入运营的车辆技术状态良好，对车辆进行日常维修和定期检修；作业数量和设备规模均较大。编组站是铁路运输生产链中重要的基础设施，是路网中车流的主要集散点，是列车的制造工厂。

根据编组站在路网和枢纽内的作用和所承担的任务以及其作业对象，编组站主要办理以下几项作业。

（1）改编中转货物列车作业

改编中转货物列车作业包括解体列车的到达作业和解体作业；始发列车的集结、编组作业和出发作业。

这些作业是在不同的地点、利用不同的设备办理的。改编中转货物列车作业是编组站最主要的作业，作业时间比较长，要占用编组站的大部分设备。因此，保证该项作业的流水性是编组站设计的关键。

（2）无改编中转货物列车作业

无改编中转货物列车作业比较简单，内容少而且时间短，地点仅限于到发场或通过车场，主要是换挂机车和列车技术检查作业。因此，合理配置机务设备、通过车场和机走线的位置，是缩短该项作业时间的关键。

（3）部分改编中转货物列车作业

部分改编中转货物列车作业除进行无改编中转货物列车的作业外，有时还要变更列车质量、变更列车运行方向或进行成组甩挂等少量调车作业。一般在到发场或通过车场进行。因此，保证部分改编中转货物列车作业的顺利进行，是编组站通过车场设计必须考虑的问题之一。

（4）本站作业车的作业

本站作业车（地方作业车）（local wagon）是指到达本枢纽或本站货场及岔线进行货物装卸或倒装的车辆，其作业过程较有调中转车增加了送车、装卸和取车等内容，其中重点是取送车作业。本站作业车的取送有编开枢纽小运转列车和调车取送两种方式。一般而言，当编组站设有货场并有岔线连接且货运量较大时，固定配属专用调机，担当取送作业。当本站货运量很小，枢纽内货运站运量较大且装卸车作业点多而分散时，主要采取枢纽小运转列车进行取送。因此，尽量避免从调车场取送车与其他作业的交叉干扰，是布置货运设备时应注意的问题。

（5）机务作业

编组站的机务作业包括机车出段、入段、段内整备及检修作业。保证机车顺利出入段，缩短机车出入段的走行距离，是布置机务段、机车走行线和机车出入段线应注意的重要问题。

（6）车辆检修作业

编组站的车辆作业包括列车技术检查及不摘车的经常维修、轴箱及制动装置的经常保养，摘车的经常维修，货车的段修三类。

（7）其他作业

根据当地需要，编组站有时还需办理以下作业：

① 客运作业，包括旅客乘降及换乘；

② 货运作业，包括货物装卸、换装，牲畜车上水、除粪便，鱼苗车换水等；

③ 军运列车供应作业。

为完成以上各项作业，编组站应设置以下设备：

① 调车设备

调车设备是编组站的核心设备，包括调车驼峰、调车场（线）、牵出线、调车机车等几部分，如图 3-19 所示。

(a) (b)

图 3-19 调车驼峰

当地区车流较大时，可设置专门的辅助调车场。

② 行车设备

行车设备指接发货物列车的到发线。为了保证各衔接方向列车同时到发及避免与其他作业进路的交叉，一般应将上行与下行、无改编通过列车与改编列车的到发线分别设置。

③ 机务设备

编组站一般均设机务段，而且规模较大。机务段位置应根据编组站主要车场的配置形式，结合地形、地质和风向等条件确定。路网性的双向编组站，可考虑增设第二套整备设备。

④ 车辆设备

编组站一般均设车辆段、站修所和用于日常检修的列检所。

⑤ 货运设备

a. 整倒装设备。每昼夜办理的整倒装作业量较大时，为加速车辆周转，可在调车场内车辆检修设备的一侧设置相应的整倒装设备，配线连通驼峰和站修线。作业量较小时，此项作业送往附近货场办理。

b. 牲畜、鱼苗车的上水、换水设备。因列车在编组站到达场停留时间较长，给水栓一般设在到达线间。

c. 货场。兼办货运业务的编组站需设置货场。

⑥ 其他设备

a. 客运设备。编组站的客运业务很少，一般利用正线办理客车到发（通过）。

b. 站内外连接线路设备。有进出站线路、站内联络线等。

此外，编组站还必须具有信联闭、通信和照明等设备。

一般而言，编组站图形可分为单向（single direction）和双向（double direction）两类。凡上下行改编车流共用一套调车设备完成解编作业的编组站图形，称为单向布置图。凡设有两套调车设备分别承担上下行改编车流的解编作业的编组站图形，称为双向布置图。一般情况下，两个调车驼峰应彼此相对设置。

按车场相互排列位置的不同编组站图形又可分为横列式、混合式和纵列式三种。上下行到发场与调车场并列配置的称为横列式布置图。所有主要车场顺序排列的称为纵列式布置图。部分主要车场纵列、另一部分车场横列的称为混合式布置图。

习惯上还把编组站图形称为“几级几场”布置图。所谓“级”是指在车站中轴线上纵向排列的车场数。所谓“场”是指全站主要车场的总数。上下行到发及通过车场与调车场三个车场横向排列，仅设一套调车设备，可称为单向一级三场横列式编组站（single directional lateral-type marshalling station with three yards in one stage）布置图。单向三级三场纵列式编组站（single directional longitudinal-type marshalling station with three yards in three stages）布置图的基本特征是各衔接方向共用的到达场、调车场、出发场依次纵列配置。单向二级四场混合式编组站（single directional combination-type marshalling station with four yards in two stages）布置图的基本特征是各衔接方向的共用到达场和调车场纵列配置，而上下行出发场（通过车场）并列设在调车场的两侧。双向三级六场纵列式编组站布置图的基本特征是上下行各有一套独立的调车作业系统，驼峰方向相对，车场配置均按到达场、调车场、出发场顺序排列。

第三节 客运站及货运站
(Passenger and Freight Transport Station)

一、客运站（Passenger Station）

在客流较大的大、中等城市，专门为旅客办理客运业务并设有旅客乘降设施的车站称为客运站。客运站是铁路旅客运输的基本生产单位，它的主要任务是组织旅客安全、迅速、准确、方便地上下车；办理行包、邮件的装卸搬运；组织旅客列车安全、正点到发和客车车底取送；为旅客提供高质量的服务。

1. 客运站分类

客运站按所衔接铁路线的运输性质可分为：①客货共线铁路客运站，设在客货共线运行的铁路线上，主要办理客运技术作业和客运业务；②客运专线铁路客运站，设在客运专线铁路线上，专门办理客运技术作业和客运业务。

按客运站布置图可分为：①尽端式客运站，其站场线路为尽头式；②通过式客运站，其站场线路为通过式，两端咽喉均连通正线；③混合式客运站，部分站场线路为通过式，部分线路为尽头式。

按办理客运作业量大小可分为：日接发换算旅客列车 30 对及以上，日均上下车旅客人数 45000 人及以上和旅客列车到发线 7 条及以上，符合以上三个条件者为大型客运站，其他为一般客运站。此外，根据旅客站房建筑规模可把客运站分为特大型、大型、中型和小型四类。

按办理列车种类可分为：①以办理始发、终到列车为主的客运站，以办理始发、终到列车为主，不办理或仅办理少量中转列车；②以办理中转列车为主的客运站，以接发中转旅客列车为主，不办理或仅办理少量始发、终到旅客列车；③办理始发、终到和中转列车的客运站，既办理始发、终到旅客列车，又接发中转旅客列车。

按技术作业性质可分为：①越行站，专门办理本线旅客列车越行跨线旅客列车作业；②中间站，主要办理旅客列车通过和越行作业、客运业务和少量列车折返作业；③始发站，主要办理列车的始发、终到作业及客运业务并设有动车段（所）。

2. 客运站作业

根据所担负的任务，客运站一般办理下列作业：

（1）客运服务作业

客运服务作业包括旅客上下车、候车、问询、小件寄存，以及对旅客文化、饮食、住宿、购物和卫生方面的服务等。

（2）客运业务

客运业务包括客票发售，行包承运、装卸、保管和交付，邮件装卸和搬运等。

（3）技术作业

按列车种类不同，客运站办理下列技术作业：

① 始发、终到列车。包括列车接发、机车换挂、列车技术检查、车底取送、动车组出入段、个别客车甩挂以及餐车整备等。

② 通过列车。包括列车接发、机车换挂或整备、列车技术检查、客车上水。个别情况下还办理个别客车甩挂，变更列车运行方向，办理餐车供应及上燃料等作业。

③ 市郊列车（suburban train）。包括列车接发、机车换挂、列车技术检查、动车组出入段或车底取送等。

④ 某些客货共线铁路客运站还办理少量货物列车的到发和通过作业。

3. 客运站设备

为了完成相应作业，客运站一般具有以下设备：

（1）站房

站房（passenger building）是客运站的主体，包括为旅客服务的各种房屋（集散厅、售票厅、候车厅、行包房及旅客服务设施等，如图 3-20 所示）、技术办公房屋（运转室、站长室、公安室等）以及职工生活用房等。

① 集散厅（distribution hall）是用于旅客站房内疏导旅客的大厅，是旅客的

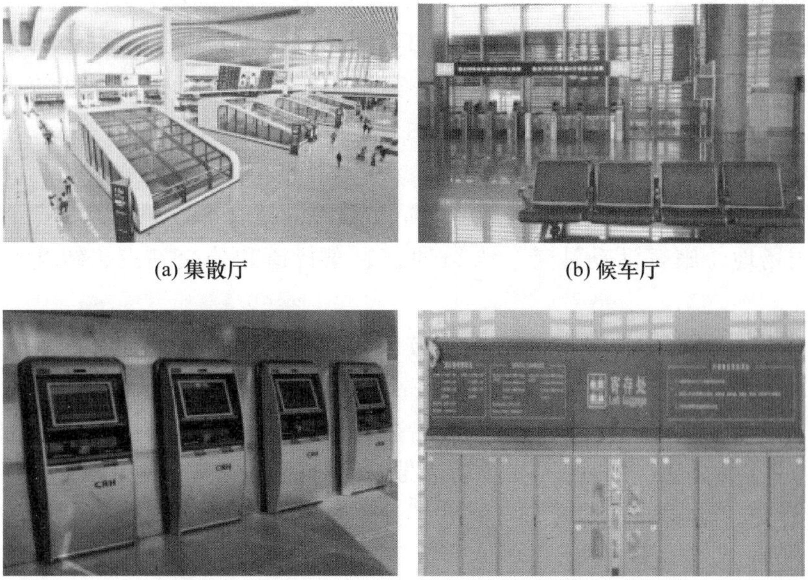

(a) 集散厅　(b) 候车厅

(c) 自动售票处　(d) 行李寄存点

图 3-20　站房设备

主要集散区域。进站口处有进站集散厅，它连接各候车区（室），具有分配旅客进站候车的功能；出站口处有出站集散厅，它连接地下通道、地铁等，具有疏散旅客出站的功能。

② 客货共线铁路客运站候车区（室）（waiting area/room）面积应根据最高聚集人数，按人均使用面积不小于 $1.2m^2$ 确定。

③ 售票处（ticket office）通常要求布置在旅客流线中靠前且旅客易于找到的明显地方。

④ 客货共线客运站行包房（luggage and package office）的位置应与旅客托、取行包的顺序及行包流线紧密结合，尽量减少与其他流线的交叉。行包房的位置还应与候车区（室）、站台和广场取得有机联系，与跨线设备及行包运输方式密切配合。

⑤ 站房的主要出、入口是站房与车站广场的接合部，是进、出站旅客流线的起讫点，其位置应根据车站广场道路分布和交通组织来确定。

（2）站场

① 站场（station yard）是办理客运技术作业的地方，包括线路（到发线、机车走行线、车辆停留线等）、站台、雨篷、跨线设备等。

为保证旅客上下车的安全和便利，加快旅客的乘降速度，缩短行包、邮件的装卸时间，在办理旅客乘降的车站和乘降所，均应设置旅客站台（passenger platform）。旅客站台的数量及位置应与站房、旅客列车到发线的布置相适应。

② 跨线设备（track-crossing facilities）是站房与中间站台间或站台与站台间的来往通道。按与站内线路交叉方式的不同，跨线设备分为平过道、天桥和地道。按其用途不同，跨线设备分为供旅客使用和供搬运行包、邮件使用的跨线设备。

（3）车站广场

车站广场（station square）是客运站与城市的接合部，包括站房平台、旅客车站专用场地、旅客活动地带、人行通道、车行道和公交站点、绿化与景观用地等。

① 站房平台是指站房室外向城市方向延伸一定宽度，连接站房各个部位及进出口的平台。站房平台长度不应小于站房主体建筑的总长度。

② 旅客车站专用场地是自站房平台外缘至相邻城市道路内缘和相邻建筑基地边缘范围内的区域，包括旅客活动地带、人行通道、车行道和停车场。

③ 公交站点包括公共汽车、电车、地下铁道等在站房附近设置的首末和中途站点。

4. 旅客流线

在客运站内，旅客、行包、车辆等的流动行驶路线通常称为“流线（streamline）”。流线是客运站特别是站场、站房和车站广场总体布置的主要依据。流线设计的好坏，不但影响客运设施的作业能力和效率，同时也关系到旅客服务质量的优劣以及客运人员工作是否方便等问题。

流线设计应满足下列要求：

（1）尽量避免各种流线互相交叉干扰。大型客运站应考虑进站旅客流线与出站旅客流线分开；旅客流线与行包流线分开；长途旅客与市郊旅客进出站流线分开；发送行包与到达行包流线分开；车站职工出入口与旅客出入口分开；公共汽车与出租小汽车流线分开。

（2）最大限度地缩短旅客在站内的步行距离，避免流线迂回，把缩短旅客进站和出站路线放在首位。

（3）尽量避免出站人流拥挤，在大型客运站要布置多个出口，以最快速度疏散旅客。流线按其性质的不同分为旅客流线、行包流线和车辆流线；按其流动方向的不同又分为进站和出站流线。

5. 客运站布置

（1）客运站布置应满足下列基本要求：

① 根据设计期客运量的需求，正确确定旅客列车到发线的数量及有效长，合理布置正线、机走线、站台及其他各项设备的位置。

② 选择合适的客运站布置图类型，保证咽喉区必要的平行作业数量，使咽喉布置紧凑，进路灵活机动。

③ 根据站房的设计规模，合理布置站房、站台和跨线设备，保证进站旅客流线与出站旅客流线分开，行包流线与旅客流线分开，尽量减少旅客上下车的走行距离，方便旅客乘车。

为保持客车技术状态，在配属有大量旅客列车车底和动车组的始发、终到客运站，或有大量长途旅客列车的折返站，以及有大量城际、市郊旅客列车的始发、终到站上应设置客车整备所（passenger car servicing depot），以便对客车进行技术整备和客运整备作业。

（2）技术整备

① 客车车底或动车组取送（或到发）、改编、停留待发，公务车、备用车停留以及个别客车转向。

② 客车车底或动车组技术检查、日常维修和摘车维修，防寒、防暑的整备，以及外段车辆故障处理等。

③ 办理厂、段修客车的回送及车辆技术状态和备品的交接。

④ 冬季客车暖气管道预热、排气、排水以及充电等。

（3）客运整备

① 客车车底或动车组内、外部清扫和洗刷。可结合列车运行距离、运行区段的气候条件及经过隧道的多少等因素决定车辆外皮酸洗次数，平时只用清水洗刷。

② 客车上燃料、上水、上餐料和换卧具。在旅客列车对数不多或客运站不在特殊的城市时，此项作业也可在客运站站台上进行。

（4）客运站的布置图按线路配置的不同可分为通过式、尽端式和混合式三种。

① 通过式客运站（through-type passenger station）如图 3-21 所示，其全部旅客列车到发线为贯通式，设有两个咽喉区，站房在正线一侧，高架候车室为跨线式，基本站台与中间站台用地道相联。

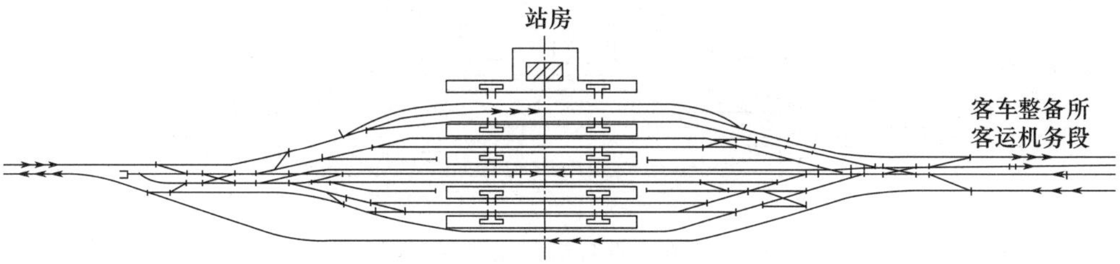

图 3-21　通过式客运站布置图

通过式客运站的优点是车站有两个咽喉区，能分别办理接发车作业，减少旅客列车到发与车底取送和机车出入段之间的交叉干扰，通过能力较大，运营条件较好；通过式旅客列车到发线能接入和通过较多方向的列车，除折角列车外，不必变更列车运行方向，到发线使用机动灵活，互换性大；便于设计为跨线式高架候车室，便于组织旅客进出站，缩短旅客进出站走行距离；旅客进出站与行包搬运流线交叉干扰少。通过式客运站的缺点是与城市道路干扰较大，不宜深入市区，由于有两个咽喉区，站坪较尽端式长，占用城市用地要多。

② 尽端式客运站（stub-end passenger station）如图 3-22 所示，其全部旅客列车到发线为尽端式，站房设在到发线尽端或一侧，中间站台用分配站台相连接。

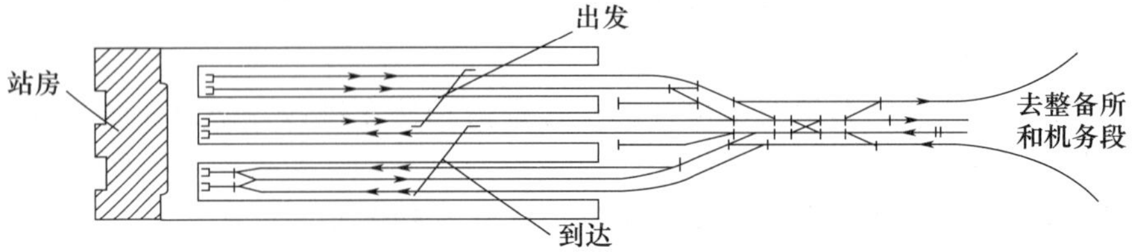

图 3-22 尽端式客运站布置图

尽端式客运站的优点是车站容易伸入市区中心，旅客出行乘车方便，可缩短出行时间；与城市道路交叉干扰较少；站坪较短，占地少；旅客出入站可不必跨越线路。它的缺点较多，主要有：车站作业集中在一端咽喉区进行，进路交叉干扰大，车站通过能力小；对通过列车的换挂机车和变更运行方向等作业均不方便；列车进站速度低，占用咽喉时间长；站房设在端侧时，旅客进、出站和行包搬运都要经过靠近站房一端的分配站台，人流与行包流互相交叉；旅客进、出站走行距离长。

③ 混合式客运站（combined passenger station）布置的特点是一部分线路为贯通式，另一部分线路为尽端式，如图 3-23 所示。贯通式线路供接发长途旅客列车用，尽端式线路供接发市郊旅客列车用。

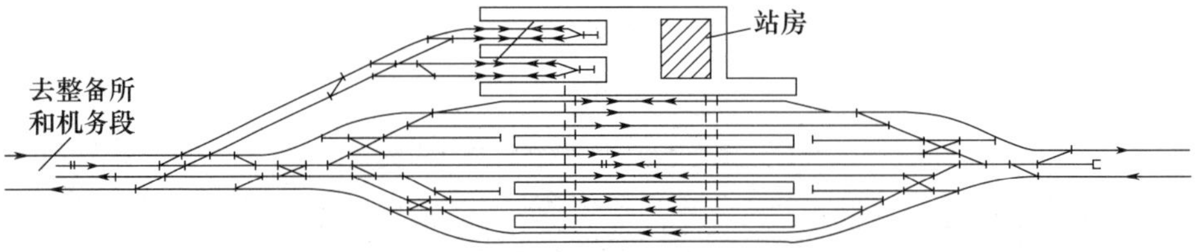

图 3-23 混合式客运站布置图

混合式客运站布置图的优点是当车站衔接的某一方向市郊列车较多时，设置较短的尽端式线路，可节省投资和用地；市郊旅客与长途旅客进、出站流线互不干扰。其缺点是到发线互换性差，使用不灵活；在市郊旅客列车进、出车站咽喉区时，市郊与长途旅客列车产生到、发交叉；当两者共用整备所时，又产生市郊车底取送与长途旅客列车的到达交叉。

二、货运站 (Freight Station)

凡专门办理货物装卸作业的车站，以及专门办理货物联运或换装的车站，均称为货运站（freight station）。以办理货物装卸作业为主并办理少量客运或货车中转作业的车站也属于货运站。

1. 货运站按工作性质分类

货运站按其工作性质分为装车站（loading station）、卸车站（unloading station）和装卸站（loading-unloading station）。装车站以办理货物的装车为主，需接入大量空车，发出大量重车。卸车站以办理货物的卸车为主，需接入大量重车，发出大量空车。装卸站的装车和卸车工作量大致平衡，可大量组织车辆的双重作业。

2. 货运站按办理的货物种类分类

货运站按其办理的货物种类又可分为综合性货运站（general freight station）和专业性货运站（specialized freight station）。凡办理多种不同品类货物作业的车站称为综合性货运站；凡办理单一品类（如集装箱、粮食、木材、煤炭、矿建材料、石油及其制品等）大宗货物及危险货物作业的车站称为专业性货运站。

综合性货运站主要办理以下作业内容：

（1）运转作业

① 办理从技术站开来的小运转列车或从衔接区间开来的直达列车的接车作业；

② 按装卸点选编车组、调送车组及按货位配置车辆；

③ 收集各装卸点装卸完毕的车组，并在调车线上进行集结；

④ 编组小运转列车或直达列车，向技术站或衔接区间发车。

（2）货物作业

① 货物的托运和交付；

② 货物的装卸和保管；

③ 货运票据的编制；

④ 货物的过磅、分类、搬运、堆码及换装、加固、检查装载；

⑤ 办理铁路与其他运输部门的联运。

（3）兼办作业

货运站有时还兼办下列作业：

① 部分客、货列车的接发、通过和交会；

② 不良车的修理；

③ 调车机车的整备；

④ 车辆的清扫、洗刷、消毒等。

（4）为了完成上述作业，货运站应设有下列主要设备：

① 运转设备。包括到发线、调车线、牵出线等。

② 货运设备。包括货场配线、场库设备、装卸设备、取送货物的道路及停车场、给排水设备及消防设备。

③ 其他设备。货运站还可根据作业需要设置旅客站台、机车整备设备、车辆检修设备、集装箱及托盘的维修保养设备、货车消毒洗刷设备、篷布维修设备、货物检斤和量载设备等。

3. 货运站按与枢纽内铁路线衔接的不同分类

货运站按其与枢纽内铁路线衔接的不同，可分为两种类型：一种是尽端式货运站，另一种是通过式货运站。这两种货运站按车场与货场的布置又可分为横列式和纵列式两种。

（1）尽端式货运站

① 车场与货场横列的尽端式货运站

图 3-24（a）为车场与货场横列布置图，调车线与到发线合并为一个车场，货场在进口一端的咽喉衔接。这种布置图的接发车与调车作业集中在车站一端咽喉，部分线路调车转线与接发车进路有交叉，因而车站的通过能力及作业能力较低。

图 3-24（b）为车场与货场横列布置图，货场及牵出线设在车站尽端咽喉一端。这种布置图的接发车与调车作业分别在车站两端咽喉进行，平衡了车站两端咽喉的负担，通过能力及作业能力均较图 3-24（a）有所提高；但车站尽端设置牵出线会增加对城市交通的干扰。

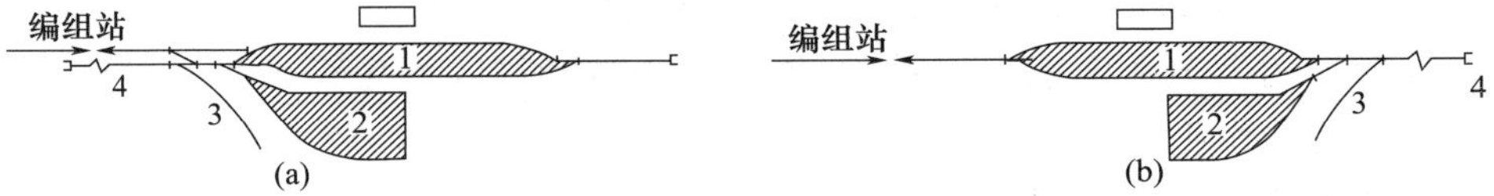

图 3-24　车场与货场横列的尽端式货运站布置图

② 车场与货场纵列的尽端式货运站

图 3-25 为车场与货场纵列布置图，这种布置图的优点是保证了向货场取送车的流水性，缩短了车辆的转线时间，货场与城市联系方便。其缺点是当有两台调车机车作业时，货场取送车与车列解编作业互相干扰，调车机车的走行距离较长，到发及调车场出口咽喉区作业干扰严重，用地较长。

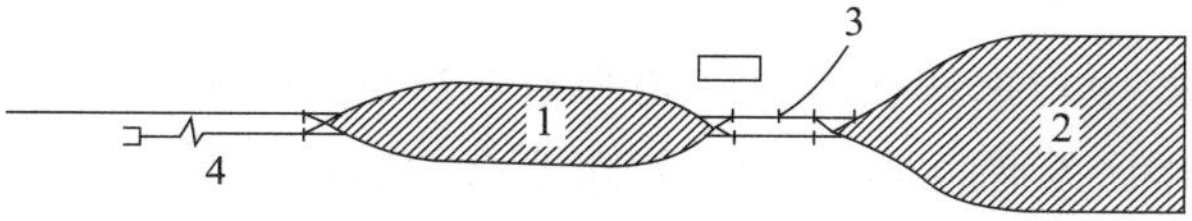

图 3-25 车场与货场纵列的尽端式货运站布置图

(2) 通过式货运站

图 3-26 为作业量较大的通过式货运站布置图。其正线是贯通的，货场和车场均设在正线的一侧，可减少站内作业对正线行车的干扰，保证通过货物列车的顺利通行。为了完成较多的改编作业，可设驼峰。当有旅客列车停靠时，尚需设置必要的客运设备。图 3-26 (a) 的主要车场为横列布置，图 3-26 (b) 的主要车场为纵列布置，两者的货场均设在调车场一旁，以便利货物作业车的取送。

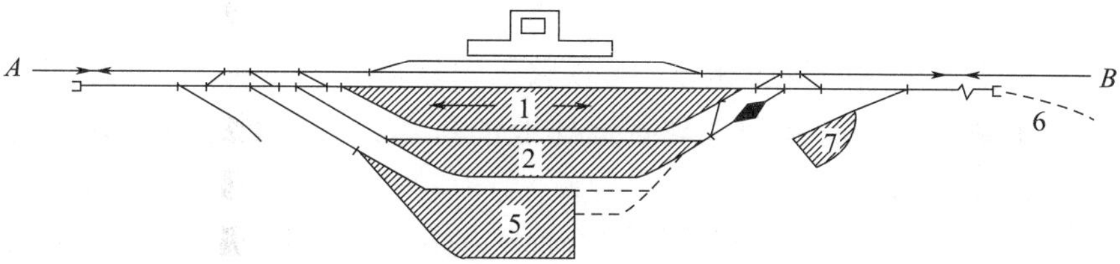

(a) 主要车场为横列布置

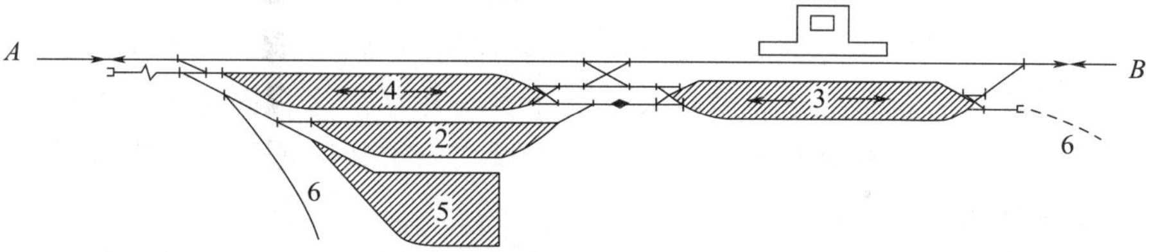

(b) 主要车场为纵列布置

图 3-26 通过式货运站布置图

与尽端式货运站相比较，通过式货运站的优点是车站作业分别在两端咽喉进行，作业能力较大；其缺点是与城市干道交叉干扰大，且不易深入城市中心。

4. 货运站转运设备

货运站的运转设备包括到发线、调车线（编发线）、牵出线等。

(1) 到发线

货运站的到发线数量应根据行车量、列车性质和技术作业过程等因素确定。一般可采用下列数据：当每昼夜到发小运转列车对数小于 6 对时，尽端式货运站到发线数量可采用 1～2 条；7～12 对时，采用 2～3 条；大于 12 对时，可视具体情况适当增加。通过式货运站且办理正规客货列车通过、到发和引入线路数量较多时，应参照区段站到发线数量确定办法适当增加到发线数量。到发线的有效长可根据小运转列车长度加 30m 附加制动距离来确定。

（2）调车线

货运站调车线应根据作业车数、装卸地点数、办理货物品种和调车作业方法等因素确定。一般一个调车区或一个装卸地点的装卸车数一昼夜在50辆以上时，应设一条调车线；50辆以下时，也可以两个或几个装卸地点（或调车区）合设一条。调车线的有效长应满足取送车列最大长度的需要，但最短调车线的有效长不宜小于200m。

（3）牵出线

货运站和货场的牵出线应根据行车量、调车作业量、调车作业繁忙程度、有无专用调车机车和有无工业企业线用于调车等条件设置。当行车量和调车作业量较小或可利用其他线路进行调车作业时，也可缓设或不设牵出线。牵出线的有效长应按列车或车组的最大长度确定。

5. 货场

货场是铁路车站的组成部分，是铁路组织货物运输的基层生产单元。在货运量较大的车站，都设有专门办理货运作业的货场，其主要任务是办理货物的承运、保管、装卸和交付等作业。

货场按办理货物的种类可分为综合性货场和专业性货场。为了便于管理，综合性货场可以根据货物品类、作业量、作业性质，划分为成件包装货区、集装箱货区、长大笨重货区、散堆装货区、危险货物货区等。综合性货场作业区划分时，一般成件包装货区应远离散堆装货区布置，并宜在这两货区间布置长大笨重货区；集装箱货区宜布置在成件包装货区与长大笨重货区之间；散堆装货区宜布置在货场主导风向下方。

根据车站货运量的大小及办理货物的性质，货场内应设置下列主要设备：

（1）配线。包括装卸线、存车线、倒装线等。

（2）场库设备。包括仓库、货棚（freight shed）、站台、堆放场等。

（3）装卸牲畜较多的车站应设有牲畜装卸及饮水设备。

（4）各种装卸机械及其检修设备。

（5）货车的洗刷及消毒设备。

（6）货物检斤设备和量载设备。

（7）货场道路和生产用房。

6. 铁路集装箱办理站

铁路集装箱办理站是指办理集装箱业务的铁路货运站。它是铁路集装箱（container）发送、到达及中转换装的基地，大量的铁路集装箱装卸、保管、集配、承运、交付及维修管理工作都要在办理站完成。它不仅是铁路集装箱运输的起讫点，而且也是铁路集装箱运输与其他运输方式联运的交接点，如图3-27所示。

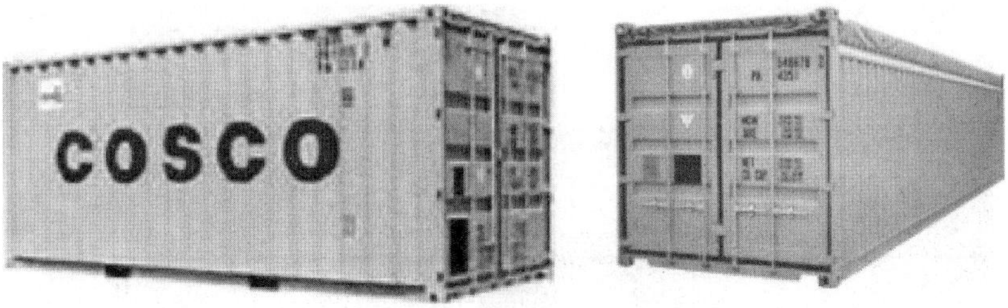

图 3-27　集装箱

（1）开设铁路集装箱办理站必须具备以下条件：

① 具有充足稳定的集装箱货源。适箱货源是开设办理站、发展集装箱运输的基础。适箱货源不仅与当地自然资源、工农业发展水平有关，而且随集装箱类型、装卸作业方式扩大而增加。

② 具有与办理箱型相适应的装卸搬运机械及场地设施，以完成大量的集装箱装卸、搬运、保管作业。完善的装卸机械、场地设施及其他有关设备是开设办理站的必要条件。

③ 具有一定量的集装箱箱源基础，以满足办理站空重箱周转的需要。充足的集装箱箱源是开设铁路集装箱办理站的充分条件。

④ 具有一定的接取送达能力，以减少站内掏装箱作业，充分发挥集装箱运输的优越性。提高铁路集装箱办理站的接取送达能力是提高办理站作业能力、扩大吸引范围的重要措施。

⑤ 具有一定的现代化管理设备及熟悉集装箱运输业务的专业人员，以提高集装箱运输管理水平。集装箱运输是现代化的运输方式，必须有现代化的管理手段、先进的技术装备和高业务水平的管理人员相配合。

（2）根据其地理位置、功能等，铁路集装箱办理站可分为中心站、专办站、办理点三种。

① 集装箱中心站是特大型的铁路集装箱办理站，是专门办理集装箱班列、枢纽集装箱小运转列车到发和整列集装箱列车装卸及集装箱承运、发送、装卸、中转、保管、到达、交付等铁路货物运输作业的路网性集装箱货运站，主要分布在经济发达、集装箱集疏运量大的区域经济中心和铁路网重要枢纽，如图 3-28 所示。

② 集装箱专办站是设在省会城市、大型港口和主要内陆口岸所在地，专门办理集装箱业务的铁路货运站。

③ 铁路集装箱办理点是以铁路既有货运站为主要货源地，从中选取若干适箱货运量大的车站作为集装箱业务办理点，兼办集装箱运输业务。

图 3-28　铁路集装箱中心站

7. 换装站

换装站（transshipment station）是设在不同轨距铁路的接轨地点，为货物换装和旅客换乘服务的车站。换装站按其设置的地点和担负的作业性质可分为国境换装站和国内换装站两类，图 3-29 为铁路换装站及工业站。

(a) 换装站　　(b) 工业站

图 3-29　铁路换装站、工业站

（1）国境换装站（border transshipment station）

国境换装站设于轨距不同的两国国境铁路衔接地点，办理两国间进、出口货物的交接、换装以及旅客运送作业。

国境换装站有两种设置方式：一种是在两国国境内国界附近的适当地点各设一个换装站，分别担负本国进口货物的换装；另一种是换装站设在某一方国境的附近，集中办理双方进、出口货物的换装。采用何种设置方式，应根据双方协议及当地条件而定。

（2）国内换装站（domestic transshipment station）

国内换装站设在国内两种不同轨距铁路的衔接地点，办理国内两种不同轨距铁路的换装业务。

8. 铁路枢纽（railway terminal）

在铁路干、支线的交会点或终端地区，由各种铁路线路、专业车站以及其他为运输服务的有关设备组成的总体称为铁路枢纽。

铁路枢纽是客、货流从一条铁路线转运到另一条铁路线的中转地区，也是城市、工业区客货到发和联运的地区。它除办理枢纽内各种车站的有关作业外，在货物运转方面还办理无改编中转和有改编中转列车的作业以及枢纽地区小运转列车的作业，在客运作业方面办理通过、管内和市郊旅客列车有关的运转作业，在货运业务方面办理各种货物的承运、装卸、发送、保管等作业，此外还要供应运输动力、进行机车车辆的检修等作业。

铁路枢纽布置图形分为：一站铁路枢纽（railway terminal with one station)、三角形铁路枢纽（triangle railway junction terminal)、十字形铁路枢纽（cross-type railway terminal)、延伸形铁路枢纽（longitudinal arrangement-type railway terminal)、环形铁路枢纽（loop railway terminal)、环形中穿铁路枢纽（loop and cross railway terminal）六种。

Word 专业词汇汉英对照（Glossary）

专业词汇	拼音	英文
铁路运输	tiělù yùnshū	railway transportation
铁路车站及枢纽	tiělù chēzhàn jí shūniǔ	railway station and terminal
中间站	zhōngjiānzhàn	intermediate station
区段站	qūduànzhàn	district station
编组站	biānzǔzhàn	marshalling station
客运站	kèyùnzhàn	passenger station
货运站	huòyùnzhàn	freight station
正线	zhèngxiàn	main line
站线	zhànxiàn	station track
段管线	duànguǎnxiàn	depot managed line
岔线	chàxiàn	branch line
特别用途线	tèbié yòngtúxiàn	special purpose track
铁路限界	tiělù xiànjiè	railway clearances
机车车辆限界	jīchē chēliàng xiànjiè	rolling stock gauge
建筑限界	jiànzhù xiànjiè	railway structure gauge
道岔	dàochà	turnout
单开道岔	dānkāi dàochà	simple turnout

续表

专业词汇	拼音	英文
对称道岔	duìchèn dàochà	equilateral turnout
三开道岔	sānkāi dàochà	three-way turnout
交分道岔	jiāofēn dàochà	slip switch
单式交分道岔	dānshì jiāofēn dàochà	single slip
复式交分道岔	fùshì jiāofēn dàochà	double slip
线路终端连接	xiànlù zhōngduān liánjiē	connection at end of track
渡线	dùxiàn	cross-over track
梯线	tīxiàn	ladder track，gather track
线路平行错移	xiànlù píngxíng cuòyí	connection of tracks by parallel shifting apart
车场	chēchǎng	railway yard
到发场	dàofāchǎng	arrival-departure yard
到达场	dàodáchǎng	arrival yard
出发场	chūfāchǎng	departure yard
调车场	diàochēchǎng	shunting yard
车场或车站咽喉区	chēchǎng huò chēzhàn yānhóuqū	station throat section
进路	jìnlù	route
平行进路	píngxíng jìnlù	parallel route
敌对进路	díduì jìnlù	conflicting route
线路全长	xiànlù quáncháng	total length of track
线路有效长	xiànlù yǒuxiàocháng	effective length of track
警冲标	jǐngchōngbiāo	fouling point indicator
出站信号机	chūzhàn xìnhàojī	starting signal
会让站	huìràngzhàn	passing station
越行站	yuèxíngzhàn	overtaking station
到发线	dàofāxiàn	arrival and departure track
牵出线	qiānchūxiàn	lead track
货物线	huòwùxiàn	loading and unloading track
安全线	ānquánxiàn	catch siding

续表

专业词汇	拼音	英文
避难线	bìnànxiàn	refuge siding
旅客站房	lǚkè zhànfáng	passenger station building
货物仓库	huòwù cāngkù	warehouse
货物站台	huòwù zhàntái	goods platform
堆放场	duīfàngchǎng	storage yard
区段站	qūduànzhàn	district station
客运业务设备	kèyùn yèwù shèbèi	passenger service equipment
货运业务设备	huòyùn yèwù shèbèi	goods service equipment
运转设备	yùnzhuǎn shèbèi	operating equipment
机务设备	jīwù shèbèi	locomotive equipment
车辆设备	chēliàng shèbèi	wagon equipment
编组站	biānzǔzhàn	marshalling station
驼峰	tuófēng	hump
本站作业车	běnzhàn zuòyèchē	local wagon
单向	dānxiàng	single direction
双向	shuāngxiàng	double direction
单向一级三场横列式编组站	dānxiàng yījísānchǎng hénglièshì biānzǔzhàn	single directional lateral-type marshalling station with three yards in one stage
单向三级三场纵列式编组站	dānxiàng sānjísānchǎng zònglièshì biānzǔzhàn	single directional longitudinal-type marshalling station with three yards in three stages
单向二级四场混合式编组站	dānxiàng èrjísìchǎng hùnhéshì biānzǔzhàn	single directional combination-type marshalling station with four yards in two stages
客运站	kèyùnzhàn	passenger station
市郊列车	shìjiāo lièchē	suburban train
站房	zhànfáng	passenger building
集散厅	jísàntīng	distribution hall

续表

专业词汇	拼音	英文
候车区（室）	hòuchēqū（shì）	waiting area/room
售票处	shòupiàochù	ticket office
行包房	xíngbāofáng	luggage and package office
站场	zhànchǎng	station yard
旅客站台	lǚkè zhàntái	passenger platform
跨线设备	kuàxiàn shèbèi	track-crossing facilities
车站广场	chēzhàn guǎngchǎng	station square
流线	liúxiàn	streamline
客车整备所	kèchē zhěngbèisuǒ	passenger car servicing depot
通过式客运站	tōngguòshì kèyùnzhàn	through-end passenger station
尽端式客运站	jìnduānshì kèyùnzhàn	stub-type passenger station
混合式客运站	hùnhéshì kèyùnzhàn	combined passenger station
装车站	zhuāngchēzhàn	loading station
卸车站	xièchēzhàn	unloading station
装卸站	zhuāngxièzhàn	loading-unloading station
综合性货运站	zōnghéxìng huòyùn zhàn	general freight station
专业性货运站	zhuānyèxìng huòyùnzhàn	specialized freight station
货棚	huòpéng	freight shed
集装箱	jízhuāngxiāng	container
换装站	huànzhuāngzhàn	transshipment station
国境换装站	guójìng huànzhuāngzhàn	border transshipment station
国内换装站	guónèi huànzhuāngzhàn	domestic transshipment station
铁路枢纽	tiělù shūniǔ	railway terminal
一站铁路枢纽	yīzhàn tiělù shūniǔ	railway terminal with one station
三角形铁路枢纽	sānjiǎoxíng tiělù shūniǔ	triangle railway junction terminal
十字形铁路枢纽	shízìxíng tiělù shūniǔ	cross-type railway terminal
延伸形铁路枢纽	yánshēnxíng tiělù shūniǔ	longitudinal arrangement-type railway terminal
环形铁路枢纽	huánxíng tiělù shūniǔ	loop railway terminal
环形中穿铁路枢纽	huánxíng zhōngchuān tiělù shūniǔ	loop and cross railway terminal

思 考 题 (Questions)

1. 你去过哪些铁路站场？按业务性质分类，它们属于哪一类别的站场？
2. 请画出左开道岔的简单示意图。
3. 编组站在作业上与中间站有何异同点？
4. 编组站在设备配置上与区段站有何异同点？
5. 客运站站房包括哪些组成部分？
6. 旅客站台与线路的相互位置有几种？
7. 换装站的主要特点是什么？
8. 请将以下英文翻译成中文。

China State Railway Group Co., Ltd. (CHINA RAILWAY) is a solely state-owned enterprise under the management of the central government, established in accordance with the approval of the State Council and the Company Law of the People's Republic of China.

CR focuses on railway passenger and freight transport services and carries out diversified business operation. Its responsibilities include: unified control and command of railway transport, unified allocation of transport capacity of the network, public welfare transport specified by national regulations and railway revenue clearing and income management. It accepts administrative supervision and public supervision to perform safety evaluation on new state railway lines to be put into operation, assure transport safety, enhance service quality, improve economic returns and enhance market competitiveness.

9. 请将以下英文翻译成中文。

In December 2020, the railway system in China registered a daily coal delivery of 5.6 million tons and a daily coal loading of 80000 cars, up 10% and 9.5% year on year respectively, among which the daily loading of thermal coal was 51000 cars, up 9.9% year on year. The coal delivery by rail increased substantially, and both coal and thermal coal car loading reached record highs, which effectively alleviated the tight coal supply and guaranteed the stable national economy and the people's production and living demands.

拓展阅读（Extensive Reading）

阅读材料——道岔的选用

道岔是轨道的薄弱环节，也是对列车运行速度起限制作用的设备，在铁路站场设计时应合理选择道岔，在满足设计行车速度的前提下，尽量节省用地。

对于单开道岔，其容许通过速度分为直向容许通过速度和侧向容许通过速度两种。直向容许通过速度除受辙叉号数影响外，还受道岔轨型、道岔结构以及道岔可动部件（尖轨、可动心轨）锁闭的可靠性等因素影响。侧向容许通过速度主要受导曲线半径和尖轨冲击角影响。

辙叉号码越大，即辙叉角越小，导曲线半径越大，侧向过岔速度越高。但辙叉号码越大，则道岔全长越长，占地也越长。同时，采用辙叉号码大的道岔，工程费用增加，故设计站场时，辙叉号码应根据路段旅客列车设计行车速度，查阅相关标准规范确定。

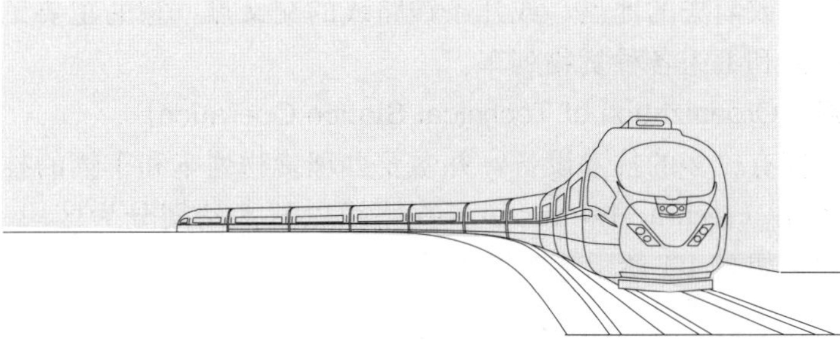

第 四 章

铁路行车组织

Organization of Train Operation

第一节 车站工作组织
(Organization of Station Operation)

一、车站工作组织概述 (Organization Overview of Station Operation)

车站是指设有一定数量配线的分界点（intermediate train distancing point）。分界点是指车站、线路所及自动闭塞区段（automatic block signal district）的通过信号机，铁路线通过分界点划分成区间或闭塞分区（block section），其作用在于保证行车安全和必要的通过能力。

车站办理的作业主要包括客运作业、货运作业和行车技术作业。客运作业如办理客票的发售，旅客的乘降，行李和包裹的承运、装卸、中转、保管和交付，旅客的文化和生活服务等。货运作业如办理货物的承运、装车、卸车、保管与交付，零担货物的中转，货运票据的编制与处理等。行车技术作业如办理列车的接发作业、到达技术作业和出发技术作业，列车的解体（dismantling）编组（train formulation）作业，车辆的摘挂和取送作业等。此外，车站还办理列车的交会和越行（避让）等。

车站按其主要用途和设备的不同，从业务性质上可分为货运站、客运站和客货运站，从技术作业性质上可分为中间站、区段站和编组站。中间站是设在铁路区段内的车站，办理列车接发、会让（crossing）作业及摘挂列车的调车作业。有些中间站还办理市郊列车的折返和列车的始发和终到作业。区段站设在机车牵引区段的分界处，它的主要工作是办理货物列车的中转作业，进行机车的更换或机车乘务组（train crew）的换班，以及解体、编组区段列车和摘挂列车。编组站通常设在有大量车流集中或消失的地点，或几条铁路线的交叉点，它的主要工作是改编车流，即大量解体和编组各种货物列车。

二、技术站工作组织（Organization of Technical Station Operation）

由于区段站和编组站拥有较多的技术设备，并主要办理货物列车和车辆的技术作业，故又统称为技术站（technical station）。铁路线以技术站划分为区段。技术站办理的货物列车种类如图 4-1 所示。

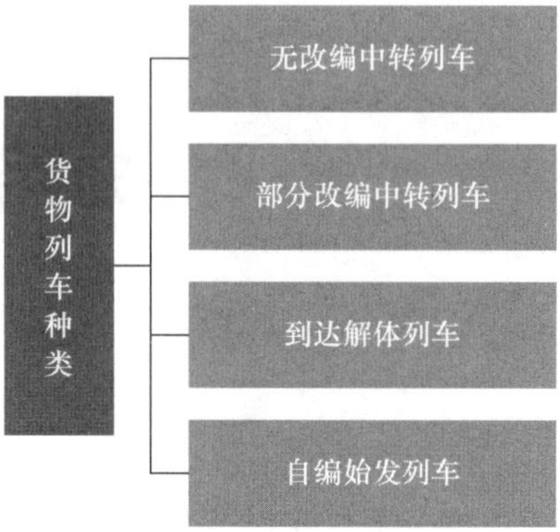

图 4-1 技术站办理的货物列车种类

（1）无改编中转列车（transit train without resorting）。在该技术站不进行改编作业，而只在到发场进行到发技术作业后继续运行的列车。

（2）部分改编中转列车（transit train with partial resorting）。在该技术站需要变更列车质量、变更运行方向和换挂车组的列车。

（3）到达解体列车（train received for break-up）。在该技术站进行解体的列车。

（4）自编始发列车（outgoing train made up at station）。由该技术站编成的列车。

技术站办理的货车种类如图 4-2 所示。

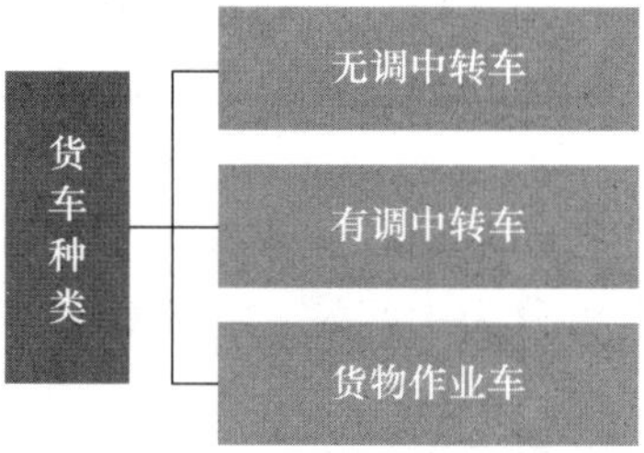

图 4-2 技术站办理的货车种类

（1）无调中转车（wagons in transit without resorting）。随无改编中转列车或部分改编中转列车到达，在该站进行到发技术作业后，又随原列车继续运行的货车。

（2）有调中转车（wagons in transit with resorting）。随无改编中转列车或部分改编中转列车到达，在该技术站经过一系列改编作业后，再随自编始发列车或另一列部分改编中转列车继续运行的货车。

（3）货物作业车（或称本站作业车）（local wagons for unloading or loading at station）。随无改编中转列车或部分改编中转列车到达，需在车站进行货物作业（卸车或装车）的货车。它包括一次货物作业车和双重货物作业车。

在铁路运输过程中，除列车运行外，根据解体、编组列车或为摘挂、取送车辆等需要，机车车辆在线路上的调动，都属于调车（shunting）工作。通常调车工作是利用机车为动力，在车站范围内进行。调车工作按其目的不同，可分为如下几种：

（1）解体调车——将到达的列车或车组，按车辆去向、目的地或车种，分解到指定的线路上。

（2）编组调车——根据《铁路技术管理规程》和列车编组计划的要求，将车辆选编成车列或车组。

（3）摘挂（pick-up）调车——为列车补轴、减轴、换挂车组或摘挂车辆。

（4）取送（placing-in and taking-out）调车——为装卸货物或检修车辆，向装卸线、检修线送车或取回车辆。

（5）其他调车——如车列或车组转场，货车检斤，整理车场存车及在站线上放行机车等。

任何一种调车工作都是由若干调车钩或若干调车程这两种基本因素组成的。调车钩通常是指机车连挂或摘解一组车辆的作业，它是用以衡量调车工作量的一种基本单位。调车作业计划就是以调车钩为单位，按作业顺序排列的。图 4-3 为一解体调车作业计划，该计划共用 6 钩，其中挂车 1 钩，摘车 5 钩。调车程是指机车或机车连挂车辆加减速一次的移动。

到达场	3+15
调车场	15–3
	7–8
	20–2
	9–1
	12–1

图 4-3　调车作业计划表

调车作业主要有牵出线（shunting neck/lead track）调车和驼峰调车两种，如图 4-4 所示。

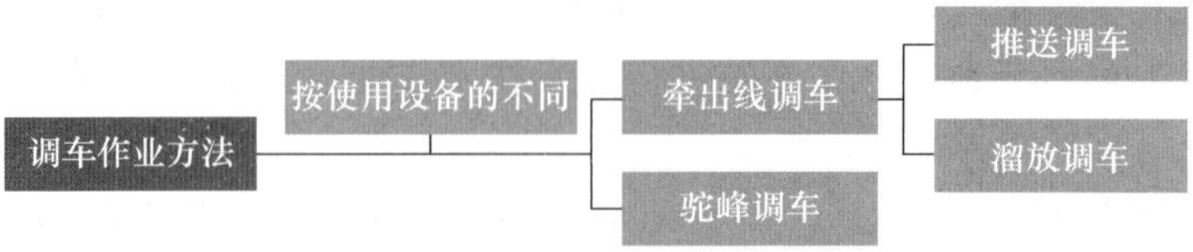

图 4-4　调车作业方法

牵出线是借机车动力进行调车作业的一种调车设备，通常设于车站货场或技术站调车场的一侧或两侧，基本上没有坡度，牵出线调车属于平面调车范畴，常用的作业方法有推送调车法和溜放调车法。

使用机车将车辆由一股道调移到另一股道，在调动过程中不摘车的调车方法，称为推送调车法。使用机车推送车列达到一定速度后摘钩制动，使摘解的车组借获得的动能溜放到指定地点（designated point on the road）的调车方法，称为溜放调车法。

驼峰是利用车辆本身所受的重力并辅以机车的推力进行分解车列的一种调车设备。驼峰由推送部分（humping gradient section）、溜放部分（gravity incline）和峰顶平台（platform on the crest of hump）三部分组成，如图 4-5 所示。推送部分的坡度是为了形成驼峰的高度和车钩（coupler）的压缩状态。溜放部分的坡度是为了提高车组的溜行速度和造成车组间的必要安全间隔。峰顶平台则起到缓和两个不同坡段的连接、防止车钩折损的作用。

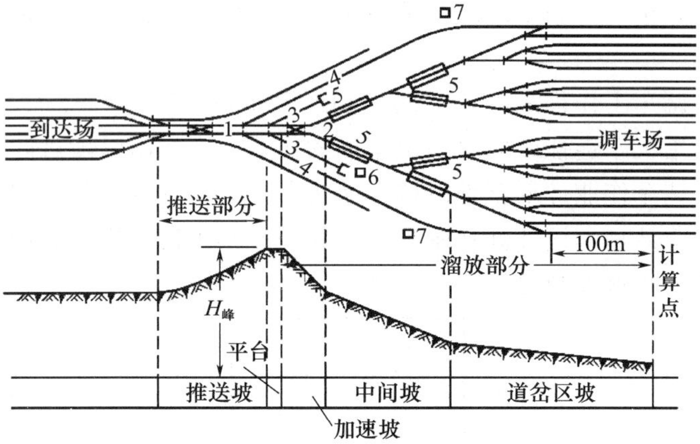

图 4-5　驼峰平纵断面示意

在到达场（reception/receiving yard）与调车场（shunting/switching yard）纵向排列的情况下，驼峰机车的基本作业过程为：机车去到达场入口端连挂车列（即挂车①），将车列推上峰顶（即推送②），经由峰顶分解车列（即溜放③），如图 4-6 所示。

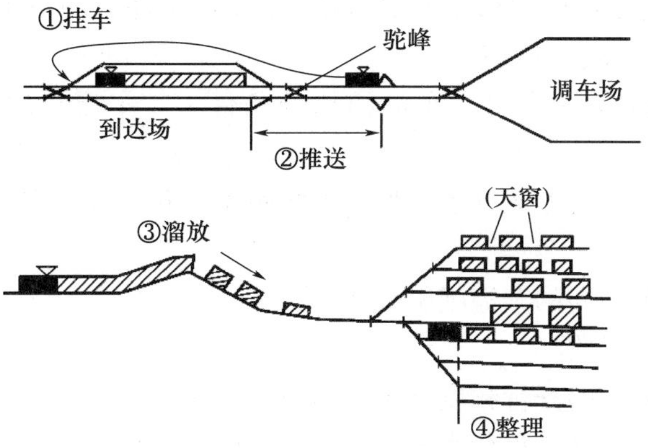

图 4-6 驼峰解体车列的作业过程

在到达场与调车场横向并列的情况下，驼峰解体一个车列需要依次完成的基本作业过程为：机车去到达场连挂车列，将车列牵往推送线，将车列推上峰顶，经由峰顶分解车列。

货车集结是技术站货车技术作业过程中的重要组成部分。在技术站上为编组某一到达站（又称去向）的出发车列（或车组），由于在质量或长度上有一定要求，因而使陆续进入调车场的货车有先到等待后到凑集满重或满长的过程，称为货车集结过程。货车在这种过程中消耗的时间，称为货车集结时间（wagon accumulation time）。从组成某一到达站出发车列的第一组货车进入调车场之时起，至组成该车列的最后一组货车进入调车场之时止，为车列（train set）的集结过程。该过程的延续时间，称为车列集结时间。在这个过程中，组成该车列所有货车消耗的车小时，即车列的货车集结车小时。

技术站和货运站均设有调度机构，通过制定车站作业计划来组织指挥车站日常生产活动。车站作业计划包括班计划（shift plan）、阶段计划（stage plan）和调车作业计划。班计划是车站最基本的计划，它体现铁路局调度中心对车站规定的任务和要求，由站长或主管运输的副站长按照铁路局调度中心的要求编制；阶段计划是一个班各阶段工作的具体安排，是完成班计划的保证，由车站调度员根据该阶段工作开始前的具体情况编制；调车作业计划是列车解体、编组和车辆取送作业的具体行动计划，由调车区长编制。

第二节 车流组织（Organization of Wagon Flow）

一、车流组织概述（Organization Overview of Wagon Flow）

车流（wagon flow）组织是铁路行车组织的一项重要内容，它规定车流由发生地向目的地运送的组织制度，货物列车编组计划（freight train formation plan）是车流组织的具体体现。在铁路网上，装车站把装出的重车（loaded wagon）向卸车地点输送就构成了重车流；卸车站把卸后的空车（empty wagon）送往装车地点又形成了空车流。

在一定的路网运输能力和车流结构的条件下，车流组织要解决的主要问题是：

（1）货物列车开行方案（确定哪些站之间需要开行货物列车，开行什么种类的列车）。

（2）每一列车去向的车流吸引范围。

（3）列车运行径路。

（4）各去向列车的开行频度（frequency）。

（5）线路和技术站的负荷水平。

其目标是获得最好的技术经济效果，以保证各站所产生的车流都能迅速而又经济地送到目的地。因此，简单地说，车流组织所要解决的核心问题，就是如何把车流变为列流（train flow）。

二、列车编组计划（Freight Train Formation Plan）

货车组成列车可以有两种最简单的方法。一是不管车流数量大小、去向远近，一律编入摘挂列车或区段列车。这样势必造成远距离车流要逐站或逐段进行改编作业，既延误货物送达，延缓车辆周转（turnaround），又增加有关技术站的改编作业负担，引起不必要的设备投资和用于调车作业的人力、物力消耗。另一种是不管各个去向的车流大小，一律在装车站分别集结（gathering），编开到达卸车站的直达列车。这样，由于车流在途中技术站不必进行改编作业，固然可以节省一些时间，但车辆要在装车站等待凑够成列，引起在站停留时间（detention time in transit）延长，同样不能达到快速运送货物、加速车辆周转的目的。显然，上述两种极端的车流组织方法既不合理又不经济，都是不可取的。

正确的解决方法应该是根据车流的大小和性质，结合各站设备条件，采取不同的车流组织形式：在装车量较大的车站或联合邻近的几个装车站组织装车地直达列车；将未纳入装车地直达列车的其余车流送到就近的技术站集中，然后按车流去向的远近分别编入适当的列车，主要是技术直达列车、直通列车和区段列车，逐步转送到卸车站。在中间站到、发的零星车流，在到、发区段一般应由摘挂列车输送。

货物列车编组计划具体规定了路网上所有重空车流在哪些车站编成列车，编组哪些种类和到达哪些车站（装卸站或解体站）的列车，以及各种列车应编入的车流内容和编挂办法等。现阶段的编制原则为：

（1）合理地从装车地组织直达运输，以减少技术站的改编工作量，加速货物输送和车辆周转。

（2）最大限度地减少车辆改编作业次数，并尽量将调车工作集中到技术设备先进、编解能力大、作业效率高的主要编组站上进行，以减少人力物力消耗，节约开支，降低运输成本。

（3）合理确定各技术站编组列车的办法和列车编解任务，以确保各站工作的协调配合，维持良好的作业秩序。

（4）合理组织区段管内和枢纽地区的车流，以减少重复改编，加速车流输送。

货物列车按编组地点和运行距离可划分为：

（1）始发直达列车（through goods train originated from one loading point）。由一个车站所装的货车组成，通过一个及其以上编组站不进行改编作业的列车。

（2）阶梯直达列车（through goods train originated from several adjoining loading points）。由同一个或相邻两个调度区段中几个车站所装的货车组成，通过一个及其以上编组站不进行改编作业的列车。

（3）基地直达列车。由装车基地所属的一个或若干个车站所装的货车组成，通过一个及其以上编组站不进行改编的列车。

（4）技术直达列车（through goods train originated from technical station/technical through train）。在技术站编组，通过一个及其以上编组站不进行改编作业的列车。

（5）直通列车（through goods train）。在技术站编组，通过一个及其以上区段站不进行改编作业的列车。

（6）整列短途列车。在装车站编组，运行距离较短且不通过编组站到达某一卸车站的列车。

（7）区段列车（district goods train）。在技术站编组，不通过技术站且在区段内不进行摘挂车辆作业的列车。

（8）摘挂列车（pick-up goods train）。在技术站编组，在区段内各中间站进行车辆摘挂作业，服务于区段管内车流输送的列车。

（9）区段小运转列车（district transfer train）。在技术站与邻接区段内的几个中间站之间开行，用于输送这几个中间站到发车流的列车。

（10）枢纽小运转列车（joint terminal transfer train）。在枢纽内各站间开行，服务于枢纽内车流输送的列车。

货物列车分类如图 4-7 所示。

货物列车的编组内容通常采用列车到达站（列车去向，下同）来描述。一个列车到达站，对于重车来说大多是对到达某一范围内车流的一种界定，对于空车而言是指定其编组的车种。货物列车编组计划对每一到达站货物列车的编组办法都有明确的说明。

在装车地利用自装车流编组，通过一个及以上编组站（或规定有作业的区段

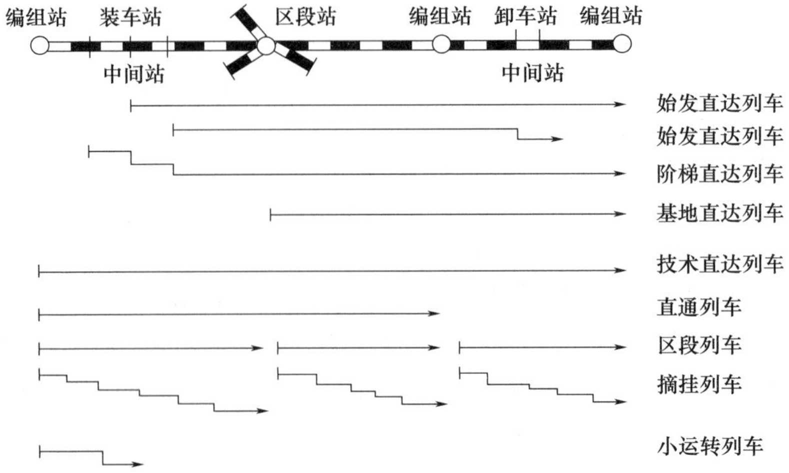

图 4-7 货物列车分类示意图

站）不进行改编作业的列车，称为装车地直达列车（through goods train organized at loading points）。装车地直达列车能最大限度地减少中间作业环节，从而降低运输成本，减轻运行途中有关技术站的改编作业负担，加速机车车辆周转和货物送达。因此，各国铁路都十分重视，并将其作为铁路首要的车流组织形式。在制定装车地直达列车编组计划时，应认真考虑以下条件，如图 4-8 所示。

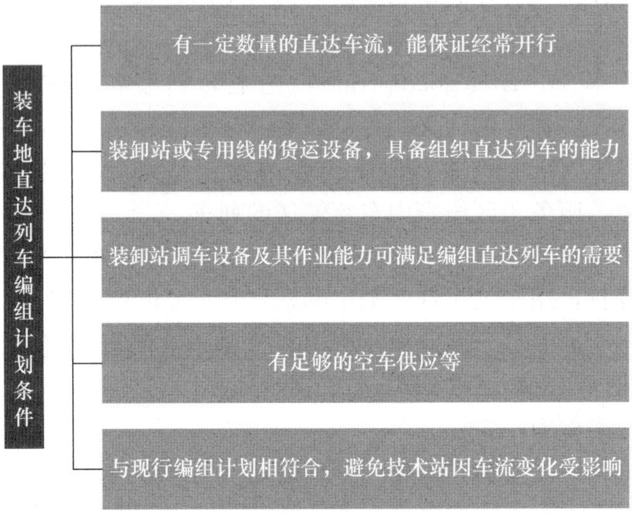

图 4-8 装车地直达列车编组计划条件

车流径路是编制货物列车编组计划最主要的依据之一。同时，车流推算与车流调整，铁路局完成运输产品的清算和统计分析以及对发货人核收货物运费也都要以车流径路为依据。因此，车流径路方案的选择和车流径路管理一直是铁路运营管理工作备受关注的问题之一。车辆从始发站被输送至终到站所经过的路线称为车流运行径路，简称为车流径路。现行车流径路通常分为车流最短径路（the shortest route）、车流特定径路（specific route）和车流迂回径路（roundabout route）三种。

车流最短径路是指铁路网上两个车站之间拥有最短里程，或最少运输成本，或最短运输时间的径路。大多数情况下，以里程最短为衡量标准。如果路网上的车流都按最短径路输送，会因车流分布的不均匀而导致某些铁路线路或区段所承担的运量超过其运能的容许范围，因此在实际工作中常常需要将繁忙线路或区段的部分通过车流调整给指定的另一些径路输送。

此外，对因某种需要（例如保温车的加冰、加油，阔大货物的运输等），也需指定径路输送。这类车流输送的指定径路相对于其最短径路而言称为特定径路。有时为了利用临管线或地方铁路输送部分车流，或者为充分利用某些平行线路（parallel route）上的单机以节省运用机车（locomotive in service）台数，也可规定某些车流的特定径路。

车流迂回径路是指在日常运输工作中，由于某些铁路线运营条件发生临时变化而临时指定的一些车流径路。例如，由于水害、塌方、施工封锁、发生行车事故等导致中断行车或通过能力下降，而且在较短时间内不能恢复正常行车时，对于按最短径路或特定径路输送的在途车流或紧急待运物资，可颁布调度命令（dispatching order）采用绕道运输的方法转送到目的地。

最短径路作为基本部分，特定径路作为补充部分构成车流输送的正常径路。迂回径路是在日常调度指挥（train dispatching and controlling）工作中进行车流调整时临时指定的经由线路，属非正常径路。按规定的正常径路输送车流有助于路网上运用车的合理分布及铁路线上车流的动态均衡，是建立稳定的运输秩序的必要条件。当必须采用迂回径路时，要根据迂回径路的运输能力规定一日迂回输送的车数、重车方向、空车车种及有关技术站列车编组计划的调整办法，尽量减少对运输秩序的干扰。

影响车流径路选择的主要因素包括货车经由铁路线路的运输距离，货车经由铁路线路运输所需的时间，各区段的通过能力、各技术站的改编作业能力及能力的利用程度，以及货车经由铁路线路所需的总费用。

第三节　列车运行图（Train Working Diagram）

一、列车运行图概述（Overview of Train Working Diagram）

列车运行图（train diagram）是用以表示列车在铁路区间运行及在车站到发或通过时刻的技术文件，规定各次列车占用区间（occupy the section）的程序，列车在每个车站的到达和出发（或通过）时刻，列车在区间的运行时间，列车在车站的停站时间以及机车交路（locomotive routing）、列车质量和长度等，是全路组织列车运行的基础。

列车运行图是运用坐标原理对列车运行时间、空间关系的图解表示，因而实际上它是对列车运行时空过程的图解。在列车运行图上，对列车运行时空过程的图解可以有两种不同的形式：其一为以横坐标表示时间、纵坐标表示距离，这时，列车运行图上的水平线表示分界点的中心线，水平线间的间距表示分界点间的距离，垂直线表示时间；其二为以横坐标表示距离、纵坐标表示时间，这时，列车运行图上的水平线表示时间，垂直线表示分界点中心线，垂直线间的间距表示分界点间的距离。目前我国铁路列车运行图采用第一种图形表示形式。

二、列车运行图分类（Classification of Train Working Diagram）

为适应使用上的不同需要，列车运行图按时间划分方法的不同有如下三种格式：

（1）二分格运行图。它的横轴以 2min 为单位用细竖线加以划分，二分格和小时格用较粗的竖线表示，如图 4-9 所示。二分格图主要在编制新运行图时使用。

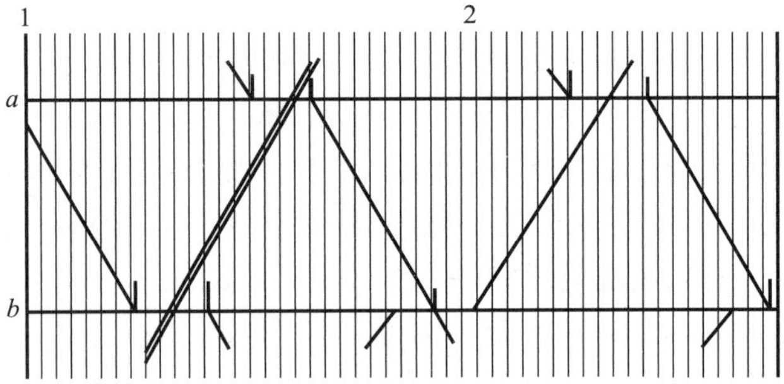

图 4-9　二分格运行图

（2）十分格运行图。它的横轴以 10min 为单位用细竖线加以划分，半小时格用虚线表示，小时格用较粗的竖线表示，如图 4-10 所示。十分格图主要供列车调度员在日常调度指挥工作中编制调度调整计划和绘制实际运行图（actual train diagram）时使用。

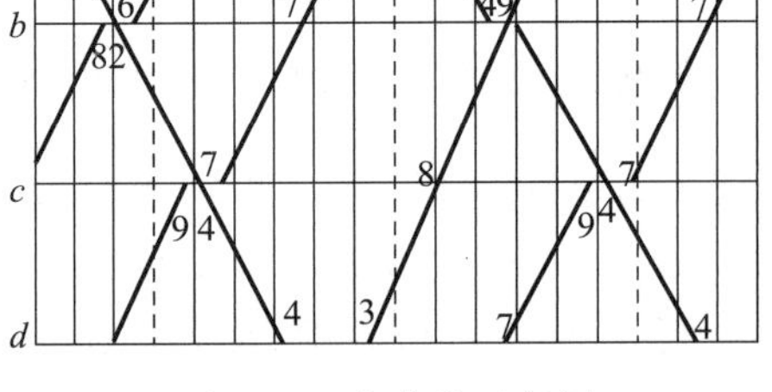

图 4-10　十分格运行图

（3）小时格运行图。它的横轴以 1h 为单位用细竖线加以划分，如图 4-11 所示。小时格图主要在编制旅客列车方案图和机车周转图（locomotive turnaround diagram）时使用。

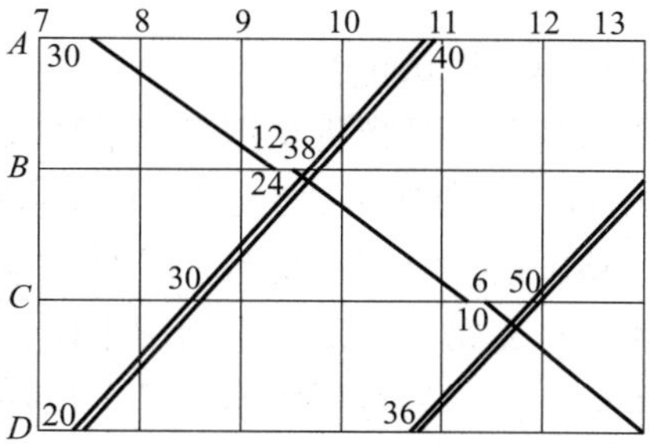

图 4-11　小时格运行图

按使用范围以及铁路线路的技术设备（如单线、复线）和列车运行速度、上下行方向的列车数量、列车的运行方式等条件，列车运行图可分为多种类型。

（1）按照区间正线数

① 单线（single track line）运行图。在单线区段，上下行方向列车都在同一正线上运行，因此，两个方向列车必须在车站上进行交会。

② 双线（double track line）运行图。在双线区段，上下行方向列车在各自的正线上运行，因此，上下行方向列车的运行互不干扰，可以在区间内或车站上交会，但列车的越行（overtaking）必须在车站上进行。

③ 单双线运行图。在有部分双线的区段，单线区间和双线区间各按单线运行图和双线运行图的特点铺画运行线。

（2）按照列车运行速度

① 平行运行图（parallel train working diagram）。在同一区间内，同一方向列车的运行速度相同，且列车在区间两端站的到、发或通过的运行方式也相同，因而列车运行线相互平行。

② 非平行运行图（non-parallel train working diagram）。在运行图上铺有各种不同速度的列车，且列车在区间两端站的到、发或通过的运行方式不同，因而列车运行线不相平行。

（3）按照上下行方向列车数

① 成对（in pairs）运行图。这是上下行方向列车数相等的列车运行图。

② 不成对运行图。这是上下行方向列车数不相等的列车运行图。

（4）按照同方向列车运行方式

① 连发（dispatch trains in succession）运行图。在这种运行图上，同方向列车的运行以站间区间为间隔。单线区段采取这种运行图时，在连发的一组列车

之间不能铺画对向列车。

② 追踪（trains spaced by automatic block signals）运行图。在这种运行图上，同方向列车的运行以闭塞分区为间隔，在装有自动闭塞的单线或双线区段上采用。

三、机车交路 (Locomotive Routing)

机车交路或称机车牵引区段，是指机车担当运输任务的固定周转区段，即机车从机务段（locomotive depot）所在站到折返段（locomotive turnaround depot）所在站之间往返运行的线路区段。机车在交路上进行列车作业的组织方式称为机车运转制。机车运转制和机车交路是组织机车运用工作，确定机务段的设施和配置，机车类型分配、机车运用指标的重要依据。机车在基本段和折返段所在站停留时间标准，取决于机车的运用方式。铁路机车的基本运用方式可有以下几种：

（1）肩回运转制交路（arm routing）。机车担当与基本段相邻区段的列车牵引任务。除需进折返段整备（stock servicing）外，机车每次返回基本段所在站时，也需入段作业，如图 4-12 所示。

（2）半循环运转制交路（semi-loop routing）。机车担当与基本段相邻两个区段的列车牵引任务，除需进折返段整备外，机车第一次返回基本段所在站时不入段，继续牵引列车向前方区段运行，到第二次返回基本段所在站时，才入段进行整备作业，如图 4-13 所示。

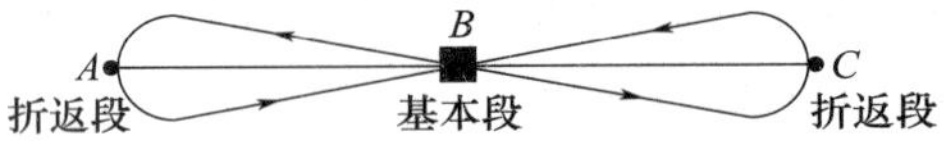

图 4-12　肩回运转制交路图

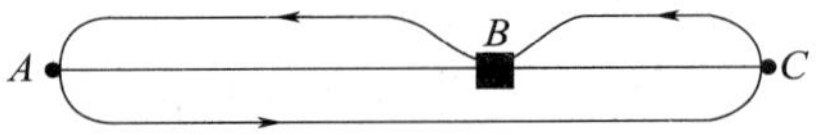

图 4-13　半循环运转制交路图

（3）循环运转制交路（loop routing）。机车担当与基本段相邻两个区段的列车牵引任务，除需进折返段整备及因中间技术检查需入基本段外，每次返回基本段所在站，都在车站上进行整备作业，如图 4-14 所示。

（4）环形运转制交路。机车在一个区段或枢纽内担当两个及以上往返的列车牵引任务之后，才入段进行整备作业，机车不需要转向，如图 4-15 所示。这种交路适用于担当市郊列车和小运转列车的牵引任务。

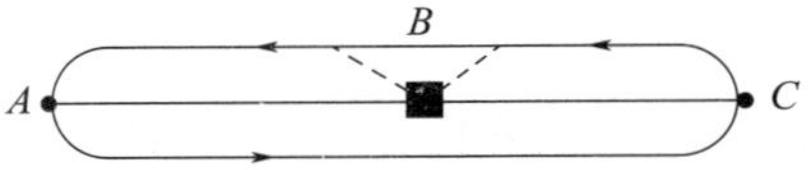

图 4-14　循环运转制交路图

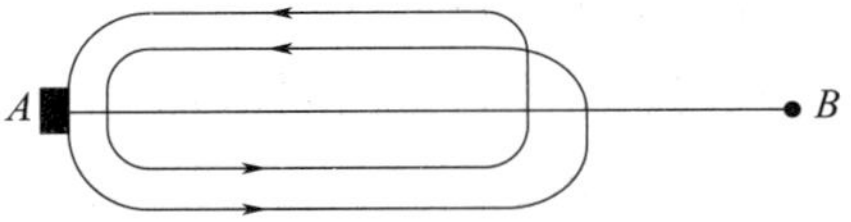

图 4-15　环形运转制交路图

四、动车组运用 (Operation of Electric Multiple Unit)

动车组是由动车和拖车或全部由动车所组成的自带动力、固定编组的旅客列车。它是列车的牵引动力装置（相当于机车）和载客的装置（相当于客车车底）固定为一体的特殊车底，具有机车和客车车底双重性质。

动车组的运用方式主要有三种：

1. 固定运行区段的运用方式（简称固定运用方式）

与既有铁路客车车底的运用方式一致，动车组只在固定的区段内往返运行。固定运用方式又可分为站间固定运用方式和两区段运用方式。

在固定运用方式下，各动车组在固定的区段内运行，运用组织比较简单，但是不利于动车组的检修。一方面，在动车组检修期间需要有一定量的备用车组来代替，如果备用车组由各区段分别配备，则备用动车组数量较大且利用率不高；另一方面，由于动车组的维修技术复杂，设备昂贵，只能集中配置，动车组的维修作业集中在维修中心。对与维修中心不相邻的区段，需要维修的动车组必须专程送检，事后又需专程回送。

2. 不固定运行区段的运用方式（简称不固定运用方式）

不固定运用方式以全线（或线路网）为系统，统筹考虑动车组的使用与维修来安排动车组的运用，也就是说，在假定各动车组无差别的前提下，不固定动车组的运行区段，根据需要和可能，可以在任何区段之间运行。

根据动车组运行状态，可以在适当时间安排一条终到维修中心的运行线给必须进行维修作业的动车组，以保证及时维修。因此，这一运用方式能够较好地解决运行与维修的配合问题。动车组有多种运行线可以选择，就有可能提高动车组的使用效率。因此，动车组不固定区段运用方式是比较合理的方式。

3. 半固定运行区段的运用方式（简称半固定运用方式）

半固定运用方式是指部分动车组采用固定运用方式，而其余动车组采用不固定运用方式，是介于固定运用方式和不固定运用方式之间的一种方式。

动车组运用组织计划包括动车组周转计划、动车组分配计划和动车组检修计划，并组织动车组按各类计划实施。

第四节 铁路运输生产计划和调度指挥
(Railway Transport Planning and Dispatching)

一、铁路运输生产计划 (Railway Transport Planning)

铁路货物运输计划（railway freight transport plan）按其编制期限分为长远计划、年度计划和月度计划（monthly plan）。

长远计划是较长时期的运量规划，通常为五年或十年，它根据国民经济发展的远景制定，表明相应时期内全路的运量规模和货物周转量（freight turnover）等基本经济指标预期达到的目标，并作为铁路网发展规划和技术装备发展的依据。

年度计划直接反映计划年度国民经济计划（plan of national economy）中铁路应完成的运输任务，包括当年的货物发送量、货物流向（predominant goods flow direction）、货物平均运程、货物周转量和货运密度等经济指标，作为列车编组计划（train formation plan）、列车运行图和分配各铁路局货物运输任务的依据。

货物运输生产（transport production）计划根据年度计划和托运人当时提出的具体运输要求编制，包括安排货源（sources of goods）、货流（flow of goods）组织的铁路运输生产货运计划（简称货运计划）和安排货车等运输设备运用的铁路运输生产技术计划（technical plan）。传统的铁路运输生产计划的编制周期为一个月，随着我国市场经济的发展以及电子计算机和通信技术的发展，必然会缩短铁路运输生产计划的编制周期，它既是年度计划在计划周期的具体安排，又是组织日常运输生产活动的依据。

铁路运输生产货运计划的基本任务是：根据党和国家的经济政策、运输政策和市场需求，在国家宏观调控和计划运输的原则指导下，密切产、供、运、销的关系，充分发挥铁路运输设备效能，正确安排各种货运量，完成铁路年度运输任务，最大限度地满足国民经济发展和市场需求。其具体任务：

（1）落实货源，合理调配各部门各单位的货运量，充分满足国民经济各部门对运输的需要。

（2）在充分有效利用运输能力的基础上，合理调配各铁路局的货运量。

（3）最大限度地组织均衡运输、直达运输和成组装车，提高货物送达速度和运输效率。

（4）合理调配各种运输工具之间的货运量，组织水陆联运、公铁联运，协调铁路与短途运输工具之间的关系，综合利用国家各种运输工具。

铁路运输生产技术计划是为了完成铁路运输生产货运计划而制定的机车车辆运用计划。

机车车辆的活动是形成运输生产活动动态性质的重要因素，它使每一铁路局、站、段在不同的时刻有着不同的运输状态。为了对动态的运输生产过程进行控制，必须制定完善的运营指标（operating indices）系统，机车车辆运用指标是运营指标系统中的重要组成部分，它除了要制定出长远计划外，铁路总公司、铁路局还必须制定出运输生产技术计划，作为日常运输生产管理的依据。

机车车辆是铁路运输的活动设备（运输动力和工具），它是决定铁路输送能力的重要因素。主要由活动设备所决定的输送能力与主要由固定设备所决定的通过能力的综合实现，才能形成铁路的运输能力。在一定的固定设备条件下，铁路所能实现的运输能力将取决于活动设备的类型、数量及其分布，其主要反映在两个方面：为完成一定的运输任务，应拥有多少机车车辆；一定类型和数量的机车车辆能完成多少运输任务。前者主要在长远计划及年度计划中研究，而运输生产计划则要解决上述两个方面的问题。

为保证货运计划的实现，必须在现有的机车车辆类型和数量的条件下，编制合理运用机车车辆的指标计划（包括机车车辆的合理分配），而机车车辆的运用指标又与运输工作量有关指标相关联。因此，就运输生产活动来讲，机车车辆的运用指标是运输生产活动的主要数量和质量指标。在确定运输工作量及机车车辆合理运用的有关指标时，必然涉及区段通过能力的限制条件，因而正确确定车流径路、合理利用通过能力也是其任务之一。从这个意义上讲，运输生产技术指标计划也是技术设备的运用计划，是运输生产活动的综合性计划。

二、铁路调度指挥 (Railway Dispatching)

月度货物运输生产计划所规定的运输生产任务及有关技术指标是按每月的日平均数制定的，而运输生产过程由于受各种因素的影响，每日的运输状态均不相同，经常偏离规定标准。为使运输生产控制在正常状态，必须经常分析运输生产指标完成情况，进行车流分布预测，并且根据具体的运输工作条件，调整车辆分布及列车运行，并通过制定日、班计划贯彻运输调整措施，以预防或消除运输生产过程可能或已经发生的困难，保证车流正常分布，经济合理地使用运输设备，完成或超额完成运输生产计划，这一过程称为铁路运输调度。

调度系统就是为完成调度任务而设置的日常指挥机构。铁路运输是一个复杂的大系统，这一庞大的系统具有线长、点多、工种多、分工细、连续性强的特点。为使各环节协调配合，铁路运输生产必须实行集中统一指挥（centralized and unified command system）的管理原则。凡与运输有关部门、各工种都必须在运输调度的统一指挥下，进行日常生产活动。

我国铁路运输调度工作实行分级管理、集中统一指挥的原则。铁路总公司设运输局（transport administration）调度部，铁路局设调度所（dispatching office），技术站设调度室。铁路总公司、铁路局、技术站调度分别代表铁路总公司领导、铁路局局长、车站站长，根据分级管理、统一指挥的原则，分别掌管全国铁路、铁路局和车站的日常运输组织指挥工作。

各级运输调度指挥部门同时受运输管理部门的领导和上级调度指挥部门的指挥。我国三级调度指挥机构设置如图 4-16 所示。铁路总公司设值班处长、调度员；铁路局设值班主任（必要时可设值班副主任）、主任调度员、调度员；技术站设值班站长（shift chief on duty at station）、车站调度员（station dispatcher），设调度室的技术站应设室主任、副主任。

为了对复杂的运输生产活动进行全面的指挥和监督，在各级调度机构中又必须实行合理分工的管理原则，将整个运输生产活动按业务性质划分为若干部分，设置不同职名的调度员分别管理一定的工作，从而对铁路运输生产进行直接指挥。

铁路运输调度指挥工作的核心部门是铁路局调度所，在调度所中一般设有：

（1）列车调度员（train dispatcher），又称行车调度员，负责管辖区段内所有与列车运行有关的工作。

（2）计划调度员（planning dispatcher），负责编制和调整管辖区域的列车工作计划，协助值班主任组织实现日班计划。

（3）机车调度员（locomotive dispatcher），负责机车运用的调度工作。

（4）客运调度员（passenger train dispatcher），负责旅客计划运输及客车的运用。

（5）货运调度员（freight train dispatcher），负责管辖区段内装卸作业及管内重车的输送工作。“实货制”实施后，货运调度员的大部分职能转由货运营销中心完成。

此外，根据各铁路地区的具体货流和设备情况还可以设有施工调度员、篷布调度员、零担货物调度员、罐车调度员、车辆检修调度员、特种运输调度员、预确报（train advance and out reports）调度员、军事运输调度员、电力牵引区段的电力调度员等岗位，分别对线路及场站施工、铁路篷布（tarpaulin/sheet）、零担货物、车辆、特种货物运输、车流推算、军事运输、铁路运输供电等工作进行日常管理工作。

值班主任负责领导全班各工种调度员实现运输工作日计划，协调各工种调度员的工作。规模较大的路局往往划定不同的调度区，设调度区主任，负责本调度区的调度工作，并相应地配备有关工种的调度人员，形成分级、分工管理的铁路运输调度工作系统。

铁路局调度所的调度组织机构系统如图 4-16 所示。

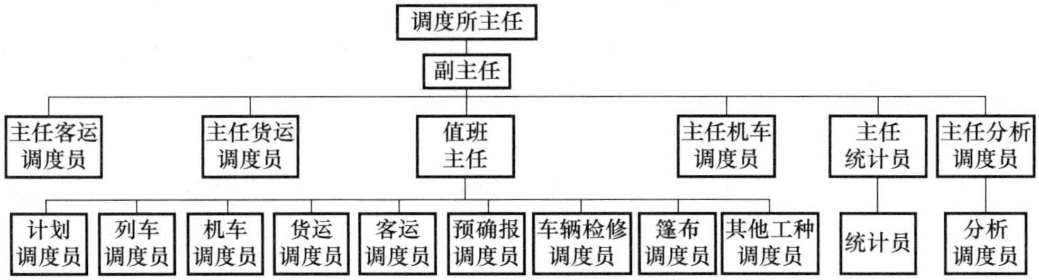

图 4-16 铁路局调度所组织系统图

车流调整（regulation of wagon flow）是调度工作的一项重要内容。铁路运营日常管理必须保证运输工作的均衡性和节奏性（evenness and rhythmic harmony in operation），同时必须预见到困难；当困难一旦发生，又要能迅速地恢复到正常状态（计划状态）车流结构及车辆分布偏离标准是进行日常调整的主要原因，天灾、事故是影响运输生产保持正常状态的偶然性因素。车流结构发生较大变化时，将造成有些线路或车站的能力紧张甚至可能形成堵塞，有些线路则形成能力虚靡。车辆分布不正常，会引起某些地区车辆不足，完不成运输任务，或者运用车数增大，车辆积压，甚至可能造成堵塞。

车流的日常调整措施主要有：按到站和货物品类调整装车；改变部分车流运行径路；组织重空车辆向某局加速运送；指定额外的空车调整（empty wagon regulation）任务以及调整备用车辆（reserve wagons）等。

Word 专业词汇汉英对照（Glossary）

专业词汇	拼音	英文
分界点	fēnjièdiǎn	intermediate train distancing point
自动闭塞区段	zìdòng bìsè qūduàn	automatic block signal district
闭塞分区	bìsè fēnqū	block section
解体	jiětǐ	dismantling
编组	biānzǔ	train formulation
会让	huìràng	crossing
技术站	jìshùzhàn	technical station
无改编中转列车	wúgǎibiān zhōngzhuǎn lièchē	transit train without resorting
部分改编中转列车	bùfen gǎibiān zhōngzhuǎn lièchē	transit train with partial resorting
到达解体列车	dàodá jiětǐ lièchē	train received for break-up
自编始发列车	zìbiān shǐfā lièchē	outgoing train made up at station
无调中转车	wúdiào zhōngzhuǎnchē	wagons in transit without resorting
有调中转车	yǒudiào zhōngzhuǎnchē	wagons in transit with resorting
货物作业车	huòwù zuòyèchē	local wagons for unloading or loading at station
调车	diàochē	shunting
摘挂	zhāiguà	pick-up
取送	qǔsòng	placing-in and taking-out
牵出线	qiānchūxiàn	shunting neck/lead track

续表

专业词汇	拼音	英文
推送部分	tuīsòng bùfen	humping gradient section
溜放部分	liūfàng bùfen	gravity incline
峰顶平台	fēngdǐng píngtái	platform on the crest of hump
车钩	chēgōu	coupler
到达场	dàodáchǎng	reception/receiving yard
调车场	diàochēchǎng	shunting/switching yard
货车集结时间	huòchē jíjié shíjiān	wagon accumulation time
车列	chēliè	train set
班计划	bānjìhuà	shift plan
阶段计划	jiēduàn jìhuà	stage plan
车流	chēliú	wagon flow
货物列车编组计划	huòwù lièchē biānzǔ jìhuà	freight train formation plan
重车	zhòngchē	loaded wagon
空车	kōngchē	empty wagon
频度	píndù	frequency
列流	lièliú	train flow
周转	zhōuzhuǎn	turnaround
集结	jíjié	gathering
在站停留时间	zàizhàn tíngliú shíjiān	detention time in transit
始发直达列车	shǐfā zhídá lièchē	through goods train originated from one loading point
阶梯直达列车	jiētī zhídá lièchē	through goods train originated from several adjoining loading points
技术直达列车	jìshù zhídá lièchē	through goods train originated from technical station/technical through train
直通列车	zhítōng lièchē	through goods train

续表

专业词汇	拼音	英文
区段列车	qūduàn lièchē	district goods train
摘挂列车	zhāiguà lièchē	pick-up goods train
区段小运转列车	qūduàn xiǎoyùnzhuǎn lièchē	district transfer train
枢纽小运转列车	shūniǔ xiǎoyùnzhuǎn lièchē	joint terminal transfer train
装车地直达列车	zhuāngchēdì zhídá lièchē	through goods train organized at loading points
最短径路	zuìduǎn jìnglù	the shortest route
特定径路	tèdìng jìnglù	specific route
迂回径路	yūhuí jìnglù	roundabout route
平行线路	píngxíng xiànlù	parallel route
运用机车	yùnyòng jīchē	locomotive in service
调度命令	diàodù mìnglìng	dispatching order
调度指挥	diàodù zhǐhuī	train dispatching and controlling
列车运行图	lièchē yùnxíngtú	train diagram
占用区间	zhànyòng qūjiān	occupy the section
机车交路	jīchē jiāolù	locomotive routing
实际运行图	shíjì yùnxíngtú	actual train diagram
机车周转图	jīchē zhōuzhuǎntú	locomotive turnaround diagram
单线	dānxiàn	single track line
双线	shuāngxiàn	double track line
越行	yuèxíng	overtaking
平行运行图	píngxíng yùnxíngtú	parallel train working diagram
非平行运行图	fēipíngxíng yùnxíngtú	non-parallel train working diagram
成对	chéngduì	in pairs
连发	liánfā	dispatch trains in succession
追踪	zhuīzōng	trains spaced by automatic block signals
机务段	jīwùduàn	locomotive depot
折返段	zhéfǎnduàn	locomotive turnaround depot

续表

专业词汇	拼音	英文
肩回运转制交路	jiānhuí yùnzhuǎnzhì jiāolù	arm routing
整备	zhěngbèi	stock servicing
半循环运转制交路	bànxúnhuán yùnzhuǎnzhì jiāolù	semi-loop routing
循环运转制交路	xúnhuán yùnzhuǎnzhì jiāolù	loop routing
机车乘务组	jīchē chéngwùzǔ	train crew
指定地点	zhǐdìng dìdiǎn	designated point on the road
铁路货物运输计划	tiělù huòwù yùnshū jìhuà	railway freight transport plan
月度计划	yuèdù jìhuà	monthly plan
货物周转量	huòwù zhōuzhuǎnliàng	freight turnover
国民经济计划	guómín jīngjì jìhuà	plan of national economy
货物流向	huòwù liúxiàng	predominant goods flow direction
列车编组计划	lièchē biānzǔ jìhuà	train formation plan
运输生产	yùnshū shēngchǎn	transport production
货源	huòyuán	sources of goods
货流	huòliú	flow of goods
技术计划	jìshù jìhuà	technical plan
运营指标	yùnyíng zhǐbiāo	operating indices
集中统一指挥	jízhōng tǒngyī zhǐhuī	centralized and unified command system
运输局	yùnshūjú	transport administration
调度所	diàodùsuǒ	dispatching office
值班站长	zhíbān zhànzhǎng	shift chief on duty at station
车站调度员	chēzhàn diàodùyuán	station dispatcher
列车调度员	lièchē diàodùyuán	train dispatcher
计划调度员	jìhuà diàodùyuán	planning dispatcher
机车调度员	jīchē diàodùyuán	locomotive dispatcher
客运调度员	kèyùn diàodùyuán	passenger train dispatcher
货运调度员	huòyùn diàodùyuán	freight train dispatcher
预确报	yùquèbào	train advance and out reports

续表

专业词汇	拼音	英文
篷布	péngbù	tarpaulin/sheet
车流调整	chēliú tiáozhěng	regulation of wagon flow
均衡性和节奏性	jūnhéngxìng hé jiézòuxìng	evenness and rhythmic harmony in operation
空车调整	kōngchē tiáozhěng	empty wagon regulation
备用车辆	bèiyòng chēliàng	reserve wagons

思 考 题（Questions）

1. 车站在铁路运输工作中的主要作用是什么？
2. 车站是如何分类的？主要办理什么作业？
3. 调车工作有什么意义？调车工作按目的可分为哪几类？
4. 驼峰调车与牵出线调车有什么不同？
5. 车站作业计划有哪几种？它们之间是什么关系？
6. 货物列车编组计划的含义、作用和任务是什么？
7. 在货物列车编组计划中，对货物列车是怎样分类和定义的？
8. 组织装车地直达运输应具备哪些条件？
9. 什么是车流径路、最短径路、特定径路和迂回径路？
10. 装车地直达列车有哪几种组织形式？
11. 简述铁路运行图意义及其分类方法。
12. 什么是机车交路和机车运转制？铁路机车有哪几种基本运用方式？
13. 什么是动车组？其运用方式有哪些？
14. 什么是铁路运输能力？铁路运输能力取决于哪些因素？
15. 铁路货物运输计划有哪些分类？分别是什么含义？
16. 什么是铁路运输生产货运计划？其基本任务有哪些？
17. 铁路为什么要设置调度系统？
18. 铁路调度系统的组织机构是如何设置的？铁路局调度所内要设置哪些调度岗位？

拓展阅读（Extensive Reading）

阅读材料1——货物列车的其他分类

除按照编组地点和运行距离划分外，货物列车按运输性质和用途可以划分为：

（1）快运货物列车。通常是挂有机械保温车组或保温车，定期开行，以较高的速度运送鲜活、易腐货物及日用消费品的列车。其中，为适应市场经济发展，向社会提供优质服务，“定点、定线、定车次、定时、定价”为特征的快运货物列车又称为“五定”班列。

（2）定期运行的货物列车。有稳定车流保证，每日固定车次开行的列车。

（3）具有特定用途或特殊意义的货物列车。这类列车通常包括石油直达列车、集装箱快运直达列车、保温列车、超限货物列车、重载货物列车、组合列车、自备车列车等。

按列车内的车组数目及其编组方式可划分为：

（1）单组列车。由同一到达站（到达同一卸车站或同一解体站）的车辆组成，列车内的车辆可以混编，也可以按某些特定要求选编成组。

（2）分组列车。由两个及其以上到达站的车辆组成，且按到达站选编成组的列车。

（3）按组顺或站顺编组的列车。列车内的车辆要求选编成组，且按组顺或站顺编挂的列车。

单组列车的编组内容在到达列车解体站前的运行途中一般不发生变化，分组列车在到达列车解体站前运行途中的有关技术站要进行车组的换挂作业，按组顺或站顺编组的列车一般为摘挂列车和小运转列车，大多要在运行途中各站进行摘挂车组作业。

此外，货物列车按列车内车辆的状态还可以分为重车列车、空车列车、空重混编（不分组）或空重合编（分组）列车。

阅读材料2——列车运行图要素

列车运行图要素包括：列车区间运行时分，列车在中间站的停站时间，机车在基本段和折返段所在站的停留时间标准，列车在技术站、客运站和货运站的技术作业过程及其主要作业时间标准，车站间隔时间，追踪列车间隔时间。

1. 列车区间运行时分

列车区间运行时分是指列车在两相邻车站或线路所之间的运行时间标准，它由机务部门采用牵引计算和实际试验相结合的方法进行查定。列车区间运行时分按车站中心线或线路所通过信号机之间的距离计算。当到发场中心线与车站中心线不一致时，按到发场中心线计算。

2. 列车在中间站的停站时间

列车在中间站的停站时间由下列原因产生：

(1) 进行必要的技术作业，如摘挂机车、试风和列车技术检查、机车乘务组和车长换班等。

(2) 客货运作业，如旅客乘降，行李、包裹、邮件的装卸，车辆摘挂，货物的装卸等。

(3) 列车在中间站的会车和越行。

3. 机车在基本段和折返段所在站停留时间标准

机车在基本段和折返段所在站办理必要作业所需要的最小时间，称为机车在基本段和折返段所在站的停留时间标准。机车在折返段所在站应办理的作业有：在到发线上的到达作业，包括到达试风、摘机车、准备机车入段进路等；机车入段走行；机车在段内作业；机车出段走行；在到发线上的出发作业，包括挂机车、出发试风等。

4. 列车在技术站和客货运站的技术作业时间标准

(1) 在到发车场内办理各种列车作业的时间标准。

(2) 在驼峰或牵出线上解体和编组列车的时间标准。

(3) 旅客列车车列在配属段、折返段所在站的停留时间标准。

(4) 货物站办理整列或成组装卸作业时间标准。

5. 车站间隔时间

车站间隔时间是指在车站上办理两列车的到达、出发或通过作业所需要的最小间隔时间。在查定车站间隔时间时，应遵守有关规章的规定及车站技术作业时间标准，以保证行车安全和最有效地利用区间通过能力。

常用的车站间隔时间包括不同时到达间隔时间、会车间隔时间、同方向列车连发间隔时间、同方向列车不同时发到间隔时间和不同时到发间隔时间等几种，其值大小与车站信号、道岔操纵方法，车站邻接区间的行车闭塞方法，以及车站类型、接近车站线路的平、纵断面情况，机车类型，列车质量和长度等因素有关。在编制新列车运行图之前，每个车站都应根据具体条件，查定各种车站间隔时间。

6. 追踪间隔时间

在自动闭塞区段，一个站间区间内同方向可有两列或两列以上列车，以闭塞分区间隔运行，称为追踪运行。追踪运行列车之间的最小间隔时间，称为追踪列车间隔时间。追踪列车间隔时间，决定于同方向列车间隔距离、列车运行速度及信联闭设备类型。

阅读材料3——货车运用效率考核指标

货车运用效率可以从时间和载重力两个方面进行分析，从时间上考核货车运用效率的指标为货车周转时间和货车日车千米等；从载重力利用方面考核货车运用效率的指标有货车平均静载重、货车平均动载重和货车载重力利用率等；此外，还有货车日产量这一项综合反映货车运用效率的指标。

1. 时间指标

(1) 货车周转时间

货车周转时间是指货车从第一次装车完了时起，至下一次装车完了时止，所平均消耗的时间，货车周转时间以“天（d)”为单位计算。一辆货车每完成一次周转，在其周转过程中完成了一个工作量，所以货车周转时间也可定义为货车每完成一个工作量平均消耗的时间。对全路来说，货车的每一次周转都包含了上述作业循环的全过程，而对铁路局而言，货车周转时间则带有假定性质，因此以货车每完成一个工作量在铁路局管内所平均消耗的时间来表述更为恰当。货车周转时间一般采用车辆相关法和时间相关法两种方法计算。

(2) 管内工作车、移交车和空车周转时间

铁路局的运用车需按管内工作车、移交重车和空车三部分控制和考核。因而，需相应地计算管内工作车周转时间、移交车周转时间和空车周转时间。

管内工作车周转时间是指在管内卸车的重车，自管内装车完了或从其他铁路局接入重车时起，至卸车完了时止所消耗的时间。空车周转时间是指自重车卸空或空车由邻局接入时起，到装车完了或将空车交给邻局时止，所消耗的时间。移交车周转时间是指交给其他铁路局的重车自装车完了或从其他局接入重车时起至移交给其他局时止，所消耗的时间。

(3) 货车日车千米是指每一运用车每日平均的走行千米数。货车日车千米可根据货车周转时间和全周距计算，也可根据货车总走行千米和运用车数计算。货车日车公里是表示货车运用效率的另一个重要指标。在空车走行率一定的条件下，货车日车千米越高，表示货车运用成绩越好，为完成同样运输任务所需要的货车数也越少。

2. 载重力利用指标

货车载重量利用有两方面的含义，一方面是要最大限度地利用货车载重力，另一方面是要充分利用货车的有效容积。车辆载重量是根据车辆结构所能承担的负载能力，在充分保证行车安全的条件下所规定的容许载重量，又称“车辆标记载重量”（简称标重）。

货车静载重是指每一辆货车平均装载的货物吨数。货车静载重的大小，直接影响到为完成一定发送货物吨数所需要的运用车数。当货车静载重提高时，运用车就可以减少，或者是用同样数量的运用车，则可以完成更多的货物发送吨数。影响货车静载重的因素很多，其中主要是货车类型、货物性质、包装状态、装载方法及车辆调配水平。

货车静载重只说明在装车时车辆标记载重量的利用程度，而不能反映整个运送过程中车辆载重量利用的好坏。能够更全面表示车辆载重量利用程度的是货车动载重。动载重是车辆平均每运行 1km 所完成的货物吨千米数。货车动载重又分为重车动载重和运用车动载重两种。重车动载重是指所有重车平均每运行 1km 完成的货物吨千米数；运用车动载重是指运用车运行 1km（包括空车走行）所完成的货物吨千米数。

货车载重力利用率是检查货车标记载重量是否充分利用的一项重要指标，等于静载重与货车平均标重的比值。货车静载重的提高，由于受大小型车比例的影响，在考核满载工作的质量时，不能充分反映车辆装载的质量。大型车装的货物多，静载重一般都会提高。为了正确反映车辆装载的质量，货车载重力利用率是一项很重要的指标。为了提高货车载重力利用率，必须注意车种适合货种，标重配合货吨，做好巧装满载工作。

3. 综合指标

货车日产量是指平均每一运用货车在一昼夜内生产的货物吨千米数。

参考文献

References

[1] 贾俊芳．铁路旅客运输［M］．北京：中国铁道出版社，2016.

[2] 贾俊芳．铁路旅客运营管理［M］．北京：北京交通大学出版社，2012.

[3] 韩梅．铁路货运技术［M］.3版．北京：中国铁道出版社，2018.

[4] 刘作义，郎茂祥．铁路货物运输［M］．北京：中国铁道出版社，2011.

[5] 李海鹰，张超．铁路站场及枢纽［M］．北京：中国铁道出版社，2011.

[6] 佟立本．铁道概论［M］.8版．北京：中国铁道出版社，2023.

[7] 杨浩．运输组织学［M］.3版．北京：中国铁道出版社，2022.

[8] 杨浩，何世伟．铁路运输组织学［M］.4版．北京：中国铁道出版社，2015.

[9] 胡思继．铁路行车组织［M］.2版．北京：中国铁道出版社，2009.